개정판

행복한 교사가 행복한 교실을 만든다
중등 학급경영

최선경

호기심 많고 정 많은 영어 교사이자 교사성장학교인 '고래학교' 교장이다. 학생과 교사 모두가 행복해지도록 돕는 체인지메이커로서 배우고 익힌 것을 퍼뜨리기가 전공이다.

『긍정의 힘으로 교직을 디자인하라』, 『가슴에 품은 여행』, 『작지만 확실한 습관 만드는 방법 10가지』를 출간했고, 공저로 『체인지메이커 교육』, 『변화의 시작, 이기적으로 나를 만나는 시간』, 『가끔은 나빴고 거의가 좋았다』, 『디지털 노마드 세대를 위한 미래교육 미래학교』, 『100일간의 두드림, 배움이 이끄는 삶』, 『독서법으로 삶을 리드하라』를 출간했다. 또한 『프로젝트 수업 어떻게 할 것인가』, 『선생님의 영혼을 위한 닭고기 수프』, 『디퍼러닝』, 『교실에서 바로 쓸 수 있는 낯선 행동 솔루션 50』을 공역, 출간했다.

〈프로젝트 수업 어디까지 해봤니〉, 〈체인지메이커로 우리 교실을 체인지한다〉, 〈교사 공감 행복한 교사가 되는 15가지 습관〉, 〈미래 교육의 혁신, 디퍼러닝〉 원격연수 강사로도 활동하고 있다.

- 저자와의 소통은 블로그나 이메일을 이용해 주세요.

이메일: littlejazz@hanmail.net

블로그: 선경쌤의 선경지명(blog.naver.com/dntjraka75)

초판 1쇄 발행 2022년 2월 17일
개정 2쇄 발행 2024년 3월 4일

지은이 최선경
펴낸이 이형세
펴낸곳 테크빌교육㈜
편집 옥귀희 | **디자인** 어수미 | **제작** 예림인쇄 | **종이** (주)유피에스
테크빌교육 출판 서울시 강남구 언주로 551, 5층 | **전화** (02)3442-7783 (142)

ISBN 979-11-6346-167-8 03370
책값은 뒤 표지에 있습니다.

테크빌교육 채널에서 교육 정보와 다양한 영상 자료, 이벤트를 만나세요!

블로그 blog.naver.com/njoyschoolbooks	페이스북 facebook.com/teacherville
인스타그램 @tkvl_b	티처빌 teacherville.co.kr
쌤동네 ssam.teacherville.co.kr	티처몰 shop.teacherville.co.kr

행복한 교사가 행복한 교실을 만든다

중등 학급경영

개정판

최선경 지음

행복한 담임을 위한 학급경영 철학 세우기

테크빌교육

조회에 들어가기 전, 15분 투자!

평생학습 사회를 살아가는 데 있어 핵심역량은 자기주도학습 능력일 것입니다. 교사가 담임으로서 완성도를 높이려면 자기주도학습 능력이 절실하겠지요. 『행복한 교사가 행복한 교실을 만든다-중등 학급경영』은 제대로 된 담임이 되는 '방법을 배우는(learn how to learn)' 책이라는 독특한 위치에 있습니다.

이 책은 교사들에게 "학급경영 관련 책을 몇 권이나 읽었나요? 관련 연수를 몇 시간이나 들었나요? 학급경영도 분명 연구가 필요한 영역이다."라고 따끔하게 지적합니다. 책 한두 권을 읽는다고, 한두 번의 연수를 통해 지식을 얻는다고 담임의 달인이 되는 것은 아닙니다. 그와 더불어 학급경영에 대해 고민하는 동료 교사들과 함께 끊임없이 공부하고 연구해야 하는 것이 보다 나은 담임이 되는 길임을 이 책은 알려 줍니다.

이 책에 있는 "이상적인 담임교사의 모습에 정답은 없다. 자기 성향과 역량을 고려해 '나'다운 담임교사가 되는 것이 중요하다." "역량을 키우는 최고의 자기 계발은 독서다. 하루의 1퍼센트, 즉 15분 동안 책을 읽어야 한다." 등의 조언은 그 실행이 결코 쉽지 않습니다. 하지만 제가 아는 최선경 선생님은 이를 꾸준히 실천해 왔습니다. 그래서 이 책 『행복한 교사가 행복한 교실을 만든다-중등 학급경영』을 쓸 수 있었습니다. 교사가 시간이 날 때 책을 읽는 정도로는 곤란합니다. 시간을 '내야' 합니다. 마치 요금을 내듯이.

그뿐 아닙니다. 이 책은 최선경 선생님과 전문적 학습공동체 선생님들의 학급운영 사례를 바탕으로 학급경영의 원칙과 활용팁을 가득 담았습니다. 이 책을 책꽂이에 꽂아 두고 조회 전 15분 동안 읽어 보는 것은 어떨까요?

_ 송형호 (교사 컨설턴트, 부모교육 전문가, 전직 중등교사, 서울시교육청 정책자문관)

교사의 긍정 메시지는 결국 아이들에게 스며든다

하루 종일 한 교실에서 생활하는 초등과 달리 담임을 맡은 반 학생들과 만날 수 있는 시간이 아침 자습과 종례가 전부인 중등의 특성상 학급경영에 소홀해지기 쉽다고 생각한 것은 제 오산이었음을 고백합니다.

학급경영에서 가장 먼저 해야 할 일은 바로 '어떤 교사가 되고 싶은가?'에 대한 고민이라는 묵직한 메시지에 격하게 공감하며 책을 열었고, 아이들의 성장 일기, 오늘의 한 줄, 고래카드 필사 등 다양한 활동이 결국 교사의 긍정 메시지는 아이들에게 스며든다는 믿음이 엿보이는 실천임을 확인할 수 있었습니다.

최선경 선생님은 2016년 체인지메이커 프로젝트수업 연구회를 만들고, 2019년 고래학교를 세우면서 교사들이 서로의 꿈을 응원하고 함께 성장하는 활동을 계속해 왔습니다. 그리고 교사가 행복해야 아이들이 행복하다는 믿음 아래 긍정 학급경영 또한 실천해 왔습니다.

『행복한 교사가 행복한 교실을 만든다-중등 학급경영』은 그러한 선생님의 마음가짐과 활동이 오롯이 담긴 책으로, 아이들에 대한 선생님의 큰 사랑을 책 곳곳에서 느낄 수 있습니다. 이 책을 계기로 많은 선생님들의 활발한 실천이 이어지고, 더욱 많은 중등 학급경영 실천서가 나오길 기대하고 응원합니다.

_ 허승환 (서울 강일초 교사, 꿀잼교육연구소 대표)

'어떤 교사가 되고 싶은가?'에 대한 답을 찾아서

최선경 선생님은 '중등은 학급경영에 참고할 만한 자료가 턱없이 부족'하기 때문에 이 책을 쓴다고 했습니다. 그러면서 '더 많은 관심과 공유'가 이뤄지길 바랐습니다. 선생님의 바람처럼 이 책은 중등 학급경영의 여러 자료를 소개하고 공유하는 마중물 같습니다.

'학급에서 어떻게 살 것인가?' 이 물음에 나오는 모든 대답, 활동이 학급경영의 씨앗이 될 수 있습니다. 그리고 그 씨앗을 품을 바탕은 '행복'이라는 것이 최선경 선생님의 생각입니다. 아울러 학급경영이 잘 되기 위해서는 '철저한 준비', '일관성', '꾸준함'이 있어야 한다고 말합니다. 선생님의 이야기에 바로 고개를 끄덕였습니다.

『행복한 교사가 행복한 교실을 만든다-중등 학급경영』은 학급에서 바로 써먹을 수 있는 활동들을 자세하게 소개합니다. 덧붙여 여러 선생님의 다양한 빛깔의 학급경영을 사례로 보여 줍니다. 교직에 첫발을 내딛는 선생님, 학급경영을 잘해 보고 싶은 선생님, 학생과 학부모 관계를 살리고 싶은 선생님들의 마음이 이 책과 소중한 인연으로 이어지길 바랍니다.

_ 이영근 (둔대초 교사, '초등참사랑' 운영자, 『초등 학급운영 어떻게 할까?』의 저자)

생각의 각도를 1도만 바꿔도 교실이 달라진다

'어떻게 하면 좋은 선생님이 될 수 있을까?' 이런 고민을 한 번이라도 해 본 선생님이라면 꼭 읽어 봐야 할 책입니다. 좋은 선생님이 되고 싶은 분들뿐 아니라 좋은 부모가 되고 싶은 학부모님들에게도 정말 좋은 책입니다.

이 책의 특장점은 세 가지입니다. 첫째, 최선경 선생님을 포함한 여러 선생님들의 생각과 경험을 벤치마킹함으로써 독자 스스로 더 지혜로운 해결책을 찾아가게 도와줍니다. 둘째, 수업 준비에서부터 학부모 교육에 이르기까지 교사들이 알아야 할 거의 모든 영역을 다루고 있습니다. 셋째, 구체적이고 실용적이어서 즉시 적용해 볼 수 있습니다.

『행복한 교사가 행복한 교실을 만든다-중등 학급경영』이 특별히 강조하는 '교사가 행복해야 아이들이 행복하다'는 메시지에 전적으로 공감합니다. 『생각의 각도』에서 저는 '비상시 산소마스크와 구명조끼는 반드시 본인이 먼저 착용할 것'을 강조했습니다. 교사 역시 마찬가지입니다. 행복하고 신나는 교실을 만들고 싶다면 교사가 먼저 행복하고 신나게 살아야 합니다. 이 책에는 이와 관련된 실용적인 노하우와 팁들이 많이 담겨 있습니다.

제가 아는 최선경 선생님은 하루의 1퍼센트인 15분이라도 책을 읽고, 독서모임에 나가

토론을 하고, 새벽 시간을 이용해 글을 쓰는 등의 노력을 부단히 하는 분입니다. 혼자 연구하는 데 그치지 않고 교사성장학교를 통해 다양한 교사들과 끊임없이 교류하며 수업과 학급경영에 대한 경험을 공유하고 연구합니다. 그 노력의 결과가 이 책에 고스란히 담겨 있습니다. 무엇보다 이 책은 단순히 매뉴얼과 사례만 나열하는 것이 아니라 학급경영의 원칙과 활용팁도 제시합니다.

『행복한 교사가 행복한 교실을 만든다-중등 학급경영』은 시종일관 생각의 각도를 조금만 바꾸면 얼마든지 행복한 교사가 되어 학생들이 즐겁게 꿈을 찾고 그 꿈을 이룰 수 있게 도와줄 수 있다는 메시지를 전달하고 있습니다. 아무쪼록 이 책을 통해 선생님들과 학생들이 행복해지고, 그리하여 우리 꿈나무들이 이 세상에 선한 영향력을 널리 끼칠 수 있기를 소망합니다.

_ 이민규 (『생각의 각도』, 『하루 1%』, 『끌리는 사람은 1%가 다르다』의 저자)

교사는 한 아이를 바꿈으로써 세상을 바꾼다

사람과 사람이 만난다는 건 한 사람의 일생과 일생이 만나는 일인 만큼 그 무게가 가볍지 않다. 그렇기에 아이들과의 첫 만남은 아주 소중하다. 나는 아이들과 첫 만남의 순간마다 정현종 시인의 〈방문객〉을 함께 읽고 생각을 나눈다. 이 시를 접할 때마다 아이들이 교실에 들어서는 나를, 그리고 친구들을 환대해 주었으면 하는 바람을 가지는 동시에, 1년을 함께할 아이들을 환대하고 존중해 주리라는 다짐을 하곤 한다. 그리하여 아이들이 성인이 되어 힘들 때마다 중·고등학교 시절 자신이 환대받았던 이 기억을 떠올리며 힘을 얻기를 바란다.

"교사는 한 아이를 바꿈으로써 세상을 바꾼다."

물론 교사가 모든 아이를 변화시킬 수는 없다. 그래도 매일, 매 순간 학생들에게 변화의 기회를 줄 수 있다. 1년에 한 아이만 변화시킨다고 해도 교직 평생 30명 이상의 인생을 바꿀 수 있고, 그 학생들이 각자 또 다른 누군가의 인생을 바꿀 수 있다면 한 교사의 영향력은 당장은 미미해 보이지만 실로 대단한 것이라 하겠다. 교사로서 힘들고 지칠 때도 많겠지만, 무한한 가능성을 가지고 이 나라를 이끌 소중한 한 사람 한 사람을 만드는 큰일을 하고 있음에 자부심을 가지고 모두가 힘을 냈으면 좋겠다.

학급경영 전문성이 중요한 이유

중등교사로서 교과 지식을 많이 아는 것은 물론 중요하다. 그리고 그에 못지않게 학급을 이끌어 가는 교실 관리 능력 또한 중요하다는 것을 그간의 경험으로 깨닫게 되었다. 1시간 수업을 충실히 가르치는 것도 중요하지만, 어떠한 상황에서도 흔들리지 않고 자기주도적으로 수업에 참여하는 아이들로 성장시키는 것이 더 중요하다. 이를 위해서는 학급경영이 반드시 성공적으로 수행되어야 한다. 학급 단위로 이루어지는 활동은 학생으로 하여금 학급 구성원으로서 제 역할을 다하게 하여 즐겁고 의미 있는 학교생활을 할 수 있도록 해 준다. 학급 안에서 전체나 모둠 단위로 진행되는 활동은 교과 활동을 통해 획득된 지식을 살아 움직이는 지식으로 또 나에게 필요한 지식으로 느끼고 받아들일 수 있게 만드는 과정으로서 그 교육적 의의가 크다.

주변을 둘러보면 수업 전문성이 필요하다고 생각하는 교사는 있어도 학급경영 전문성이 필요하다고 생각하는 교사는 드물다. 아마도 담임교사 역할에 전문성이 필요하다고 생각한 적이 없는 교사가 대부분일 것이다. '1만 시간의 법칙'을 알고 있는가? 어느 분야든 탁월한 전문성을 가지려면 1만 시간의 노력이 필요하다는 법칙이다. 즉 학급경영의 전문가가 되기 위해서는 하루에 3시간씩 쉼 없이 노력하기를 십 년간 계속해야 한다는 말이다. 이제까지 담임교사 역할을 제법 잘한다고 떳떳하게 말할 수 있을 만큼의 노력을 기울여 왔는지 돌아보자. 소통이 있는 행복하고 따뜻한 교실은 하루아침에 만들어지지 않는다.

행복한 교사가 행복한 교실을 만든다－중등 학급경영

임용고시를 준비하는 과정에서 예비교사들은 전공과 교육학 이론 공부에 매진한다. 학생들을 대하는 자세나 학급경영에 대해서는 배울 기회가 없다. 나 또한 그랬기에 발령을 받은 후 많은 어려움을 겪을 수밖에 없었다. 이런 어려움을 후배 교사들은 조금이나마 덜 겪었으면 하는 마음에서 이 책 『행복한 교사가 행복한 교실을 만든다－중등 학급경영』을 쓰게 되었다. 또한 중등 학급경영에 대한 중요성을 인식시키고 자료를 공유하는 문화를 확산시키기 위해 이 책을 썼다. 초등의 경우 학급경영에 대한 자료가 풍부하고 체계적으로 매뉴얼이 잘 정리되어 있는 편이다. 그에 비해 중등은 학급경영에 참고할 만한 자료가 턱없이 부족하다. 그나마 있는 자료도 활발히 공유되지 않는다. 학생 생활 지도에 가장 결정적인 영향을 미치는 학급경영에 대해 보다 많은 사람들이 관심을 가지기를 바라는 마음, 사소한 자료라도 함께 나누는 문화가 정착되었으면 하는 바람이 크다.

〈1장〉에서는 학급경영의 중요성, 학급경영 철학 세우기의 필요성에 대해 이야기하면서 내가 실천해 온 방법들을 소개한다. 중등 학급경영이 처음인 선생님들을 위해 각 시기별로 특별히 중점을 두어야 할 사항에 대해서도 정리했다. 〈2장〉에서는 학급경영이 중요한 것은 알지만 무엇을 어떻게 해야 할지 모르는 선생님들을 위해 특색 있는 학급경영 사례를 정리했다. 〈3장〉에서는 경력 교사들의 학급경영 사례를 소개한다. 나의 학급경영 사례와 함께 교사 성장학교인 고래학교 선생님들의 학급경영 사례를 실었다. 실제 학급경영에서는 똑같이 적용하기보다는 학급에 따라 조금씩 다른 방식으로 적용하였으며 여러 의견을 나누는 가운데 서로 발전적인 영향을 주고받았다. "빨리 가려면 혼자 가고, 멀리 가려면 함께 가라."는 말처럼 동료 교사나 온오프라인을 통해 만날 수 있는 여러 교사들과 함께 공부하기 바란다. 그래야 지치지 않고 멀리까지 갈 수 있다. 〈4장〉에서는 학급경영 관련 고민 해결책과 소소한 팁들을 나누면서 교사의 자존감을 지키는 방법도 함께 소개한다. 학급경영을 잘 해내기 위해서는 교사가 먼저 단단하게 서야 한다. 자존감 높은 교사가 자존감 높은 학생을 길러 낼 수 있다. 교사가 행복해야 학생들도 행복하다. 이 책 한 권으로 학급경영 철학 세우기와 운영에 관한 정보 모두를 얻어갈 수 있기를, 학급경영에 관한 고민의 현실적인 해법을 찾을 수 있기를 기대한다.

이 책이 중등 학급경영의 만병통치약이 될 수는 없다. 사실 마법 같은 학급경영 전략은 없다. 끊임없이 하루하루 학생들 한 명 한 명을 살피고 소통하며 터득해야 할 부분이 많다. 이 책에 실린 사례들은 학생들과 조금이라도 더 소통하기 위한 노력의 과정이다. 이런 노력들이 학급경영에 대해 관심을 가지고 끊임없이 공부해야 한다는 인식을 제고하는 데 일조하기 바란다. 그리고 이 책을 보면서 선생님 각자가 본인의 상황에 맞게 적용하여 자신만의 학급경영 전략을 만들어 낼 수 있기를 바란다.

학급이라는 텃밭에서 농사를 하는 모든 선생님들께

흔히 학급을 텃밭에, 학급경영을 농사에 비유하곤 한다. 텃밭의 생명 원리는 더불어 어울리되 제각각 다양한 꽃을 피우고 알찬 열매를 맺는 데 있다. 모쪼록 『행복한 교사가 행복한 교실을 만든다-중등 학급경영』이 선생님의 텃밭에 뿌려지는 기름진 거름이 되기를 바란다. 텃밭에서 어떤 열매를 거둘지는 선생님 각자의 손에 달려 있다. 매일 매일, 한 해 한 해 우리 아이들이 자라는 모습을 지켜보며 행복한 교사가 많아지면 좋겠다.

3장 교사와 학생이 함께 만들어 가는
학급경영 이야기 153

4장 행복한 담임교사가 되기 위한 기술 189

담임, 교사의 꽃

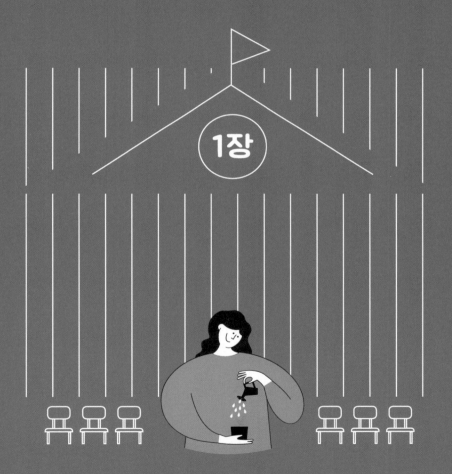

1장

고쌤   신 선생님, 2년 차가 되니까 어때요?

신쌤   아직 정신없어요. 게다가 새 학기에 담임까지 맡게 돼서 정말 큰일이에요. 수업 준비에 업무도 벅찬데 학급경영까지 해야 한다고 생각하니 눈앞이 캄캄해요. 대학교 때 학급경영에 대해 전혀 배운 것이 없는데 제가 잘 해낼 수 있을까요? 고민 해결사로 소문난 고래쌤, 선배로서 조언 좀 해 주세요.

고쌤   신 선생님은 학급경영에서 가장 중요한 것이 뭐라고 생각해요?

신쌤   글쎄요. 대학교 다닐 때 전공 공부만 열심히 했지 학생 지도에 대해 배운 적이 없어서…. 수업만 잘하면 될 거라고 생각했어요.

고쌤   보통 다들 그렇게 생각하죠. 저도 발령받고 1년 차에 담임이 아니었을 때는 너무 하고 싶었는데, 2년 차에 막상 담임을 맡고 나니 정말 힘들더라고요. 그때 생각이 많이 나네요.

신쌤   지금은 엄청 학급경영을 잘하시잖아요. 선생님한테도 그런 시절이 있었다니….

고쌤   물론이죠. 저도 그때 선배들한테 도움을 많이 받았어요. 그동안 선배들이 알려 준 내용이랑 제가 실천해 보고 좋았던 학급경영 팁을 나눠 줄게요.

신쌤   그렇게 해 주시면 너무 감사하죠.

학급경영, 그 중요함에 대해

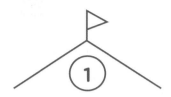

학급경영은 한 해 농사

교사들은 담임교사가 발표되면 '올 한 해 농사도 잘 지어야 할 텐데…'라고 말하곤 한다. 학급경영을 '한 해 농사'에 비유하는 이 말은 한 해 동안 공들여 아이들을 가르치려 애쓰는 교사들의 마음가짐이 잘 드러난 표현이다. 담임교사는 1년 동안 좋든 싫든 반 아이들과 함께 잘 지내야 하는데, 바로 그 무게감과 책임감을 나타내는 말이기도 하다.

'한 해 농사'라는 표현은 나에게 '자식 농사'라는 말을 떠올리게 한다. 담임교사와 반 아이들은 부모와 자식 사이나 마찬가지다. 담임교사는 학교에서 학생들의 엄마, 아빠와 같은 역할이다. '우리 선생님'이나 '우리 반 담임 선생님'이라는 호칭에서 벌써 학생들의 애정이 느껴지지 않는가.

신규 교사 시절부터 지금까지 교과 수업 못지않게 담임교사의 학급경영과 역할이 정말 중요하다는 생각은 변함이 없다. 특히 학기 초에 담임교사가 어떤 지침을 가지고 학생들을 지도하냐에 따라 반 분위기가 크게 좌우되는 것을 경험을 통해 잘 알고 있다. 물론 초등학교에 비하면 중학교 담임교사가 반 아이들을 만나는 시간이 절대적으로 적은 것이 사실이다. 하지만 함께하는 시간이 적다고 그 중요성이 덜한 것은 아니다. 한 해 농사의 결과를 결정짓는 중요한 요소가 바로 담임교사의 '학급경영'이다.

중학교에서는 아무래도 교과 성적 향상에 중점을 두게 되어 자칫 학급경영에 소홀해지기 쉽다. 하루 종일 한 교실에서 생활하는 초등학교와 달리 담임교사가 학생들과 만날 수 있는 시간이 아침 자습 시간과 종례 시간이 전부이다 보니 더욱 그렇다. 하지만 경험상 담임교사와 아이들의 관계가 좋으면 수업도 자연스럽게 잘되는 경우가 많았다. 학급경영을 잘하면 학생들의 성적도 자연스럽게 올라간다. 담임교사가 학생들에게 관심과 애정을 쏟는 만큼 아이들은 성장한다.

학교는 수업은 물론이고 업무의 90퍼센트 이상이 담임교사의 손에 달려 있다. 학교의 모든 업무는 각 부서별로 업무부장과 계원들에게 할당된다. 이들은 당연히 담임교사이거나 비담임교사다. 각 부서에서 추진하는 모든 업무는 학생들과 관련된 사업이고, 따라서 사업이 원활히 진행되려면 담임교사의 협조가 반드시 필요하다.

방과 후 학교를 예로 들어 보자. 방과 후 학교 프로그램을 개설하려면 먼저 학생과 학부모를 대상으로 수요를 조사해야 한다. 담당 부서에서 수요조사지를 만들어 각 반 담임교사에게 전달하면, 담임교사는 수요조사를 실시하여 다시 담당 부서에 넘긴다. 그렇게 방과 후 학교 프로그램이 개설되고 난 후에도 담임교사의 협조는 여전히 필요하다. 최소한 10명 이상이 신청해야 프로그램을 개강할 수 있으므로 신청 인원이 10명 미만이라면 학생들의 참여를 독려해야 한다. 개강 전에는 프로그램 시작 날짜와 장소를 안내하고, 개강 후에는 학생이 결석하면 학생이나 학부모에게 연락해야 한다. 이 모든 것이 담임교사의 몫이다.

학급경영, 왜 어려울까?

모든 선생님이 행복한 교실을 만들 학급경영을 꿈꾸지만, 그렇게 쉽지만은 않은 일이 바로 학급경영이다. 그 어려움은 어디에서 오는 것일까?

첫째, 학생들을 대상으로 하기 때문이다. 학급경영은 학생들과 함께하는 삶이다. 매해 비슷한 아이들만 만난다면 교사의 학급경영은 보다 쉬워질 것이다. 하지만 현실은 그렇지가 않다. 해마다 성격도, 기질도, 모습도 다른 학생들을 만나게 된다.

어느 교실이든 저마다 다른 성격을 가진 수십 명의 아이들이 있다. 교사의 한 마디에 수십 가지 반응이 나오므로 개개인에게 맞는 피드백을 해야 하는 상황이다. 이렇게 다양한 학생들을 대면하는 상황 자체가 교사를 힘들게 한다. 인간관계는 누구에게나 어렵다. 많은 학생들과 좋은 관계를 형성해야 하는 학급경영이 어려운 것은 두말할 필요가 없을 것이다.

담임교사가 아무리 좋은 계획을 세워도 학생의 참여가 없다면 그 계획은 성공할 수 없다. 그러므로 학생과 학생, 학생과 교사 사이의 좋은 관계 형성이 관건이다. 관계 형성에 성공하지 못한다면 어떤 계획도, 어떤 활동도 성공하기 어렵다.

둘째, 학급경영은 성과가 눈에 보이지 않기 때문이다. 성과를 거두더라도 그것을 확인하기까지 시간이 걸린다. 한 해 동안 최선의 노력을 다해도 그 성과가 보이지 않을 때도 적지 않다. 그러니 지치게 되고 계획한 것을 그만두게 되는 일까지도 종종 발생한다.

셋째, 고려해야 할 대상이 많아서다. 학부모, 동학년 교사, 학교 구성원과의 관계는 학급경영에 영향을 미친다. 특히 학부모와의 원활한 소통과 이해는 학급경영의 성공을 좌우하는 중요한 요소다. 그런데 학부모는 직접 만날 기회가 적으니 소통하기가 쉽지 않다. 무슨 일이 생겼을 때 책임을 묻는 사이가 되지 않으려면 학부모들과 신뢰를 쌓아야 한다. 이를 위해서는 학기 초에 어떤 철학을 가지고 학급을 경영하려고 하는지 알리고 학부모의 협조를 구하는 것이 좋다.

넷째, 현실적인 어려움 때문이다. 각종 학교 행사와 지침을 안내하느라 반 아이들과 눈을 맞추고 이야기할 시간이 부족한 것은 물론이고, 교사의 의지만으로는 계획을 실천할 수 없게 만드는 어려운 상황 역시 많다.

학급경영, 어떻게 해야 할까?

이렇게 어려운 학급경영을 성공적으로 수행하려면 어떻게 해야 할까?

첫째, 학급경영 철학을 확립해야 한다. 명확한 목표가 존재하면 그곳에 이르는 과정이 보다 쉬워진다. '어떻게 되든 상관없어'가 아닌 '이렇게 해야만 해'라는 목표 자체가 앞으로 나아갈 원동력이 되기 때문이다. 학급경영도 마찬가지다. 명확한 목표의식을 가진 학생들은 학급경영에 적극적으로 참여한다. 이는 자신이 소속된 학급에 기여할 수 있다는 긍정적인 심리가 자발적인 참여를 유도하는 것이다.

교사는 자신이 가지고 있는 지식을 올바르게 발현하여 학생들에게 긍정적인 영향을 끼쳐야 한다. 그것이 교사가 존재하는 의미다. 민주적 학급경영이라는 이름 아래 학생들이 하고 싶은 대로 하게 내버려 두는 것은 오히려 학생들이 자신의 잠재력을 발휘하는 데 방해가 된다. 교사가 하나의 명확한 목표를 설계하고 제시하는 것이 진정 학생들을 위하는 일이다. 물론 목표의 설정은 교사, 그리고 학생들에 따라 달라져야 할 것이다.

둘째, 철저하게 준비해야 한다. 긍정적이면서 민주적인 분위기, 갈등이 일어났을 때 대처법, 학급 규칙 등이 명확히 자리를 잡아야 낯선 행동의 발생을 줄일 수 있다. 따라서 개학 전에 교사는 이런 부분을 철저히 준비해야 한다. 아무런 준비 없이 학생들을 만나게 된다면 1년을 허둥대며 힘들게 보낼 가능성이 크다. 그런 의미에서 새 학기 시작 전에 학급경영 철학, 학급 규칙 등을 미리 준비해 두어야 한다.

셋째, 가치관과 루틴(계획을 세우고 순서를 정해 매일 실행하는 행동, 자신만의 규칙을 만들어 습관처럼 행동하는 것)을 정하고 일관성을 유지한다. 학년 초에 교사는 학급의 가치관(평화, 배려, 존중 등)을 확립해야 한다. 이때 교사가 일방적으로 정하는 것이 아니라 학생의 의견을 회의 등을 통해 반영하는 것이 중요하다. 아이들은 이렇게 정해진 가치관을 실천하는 교사의 행동을 보고 배움으로써 이를 체화한다. 또한 매일의 루틴을 정하고 실천해야 한다. 이는 학생들에게 안정적인 학교생활을 할 수 있도록 도움을 주며, 예측 가능성을 높이기 때문에 학교폭력 발생도 줄여 준다. 이는 『학급긍정훈육법』 등 학급경영 관련 여러 이론서에서 제시된 바 있다.

넷째, 꾸준하게 한다. "꾸준함이 완벽함, 특별함을 만든다."는 말대로 학급경영을 꾸준하게 하는 것이 완벽하고 특별한 학급을 만드는 길이다. 아이들에게 조금씩 스며들기를, 아이들이 어느 순간 깨닫기를 바라며 묵묵히 최선을 다하는 것이 교사의 할 일이다. 학급경영 활동은 날마다 할 것이 있고, 주마다 혹은 달마다 할 것이 있다. 1년에 한 번만 할 것도 있다. 이런 것을 놓치지 않고 꾸준하게 하는 것이 중요하다. 이를 위해서는 교사가 지치지 않아야 한다.

교사가 지치지 않으려면 어떻게 해야 할까? 학급경영의 과정이 즐겁고 행복해야 한다. 교사도 아이들도 즐겁지 않은 활동이라면 버릴 수 있는 용기가 필요하다. 내 마음이 편해야 주변을 살피고 챙길 여유도 생긴다. 교사가 행복해야 아이들도 행복하다. 내 마음의 여유는 어디에서 오는지, 나는 어떨 때 즐겁고 행복한 사람인지 나를 먼저 살펴야 한다.

학급경영, 철학 세우기

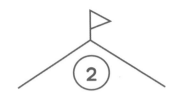

학급경영이 무엇인가요?

'학급경영'이란 학교 교육의 목적을 보다 효율적으로 달성하기 위해 인적 · 물적 자원을 활용하여 계획 · 조직 · 지도 · 통제하는 일련의 활동을 통해 학급을 운영하는 협동적 활동을 말한다.

'학급경영'은 '학급'과 '경영'이라는 두 단어로 구성된 복합어다. 학급과 경영이라는 단어의 의미를, 나아가 양자 간의 관계를 올바로 이해해야 '학급경영'의 의미를 올바로 해석할 수 있다. 일반적으로 '경영'이란 '어떤 집단이나 조직체의 목적을 효과적으로 달성하기 위하여 그 집단이나 조직 구성원들의 협동적 행위를 합리적으로 조정하는 작용'이다. 그러므로 '경영'은 반드시 집단이나 조직을 전제로 하며 다양한 욕구를 가진 구성원들이 인적 · 물적 자원을 동원하여 그 설립 목적을 달성하기 위해 서로 영향을 주고받는 과정이다. 이때 가능하면 최소의 노력 · 비용 · 시설 · 시간 등으로 최대의 성과를 올리는 것이 중요하다.

이러한 '경영'의 개념을 토대로 하여 '학급경영'을 정의해 보자. 학급경영은 '단위 학급에서 담임교사가 학급 교육에 관하여 공동 목표를 설정하고, 그 목표 달성을 위한 제반 조건을 정비 · 확립하고 동시에 그 과정을 지도 · 감독하는 일련의 봉사 활동'이다. 다시 말해 '한 학급의 교사와 학생들이 우리 반 교육목표를 이루기 위한 활동을 한 해 동안 펼치는 과정'이다. 더 쉽게 말하면 '학급에서 교사와 학생들이 함께 살아가는 과정'이다. 그러니까 교사와 학생이 한 해 동안 어떻게 살아가는가에 대한 이야기이므로 '학급살이'라고 표현할 수도 있다.

학급 경영자의 역할과 자세는?

학급경영의 기본은 교육공동체 구성원 간의 '관계 맺음'에서 시작된다. 담임교사는 학생, 학부모, 동료 교직원과의 관계를 소중히 여기며, 긍정적이고 바람직한 관계가 유지될 수 있도록 노력해야 한다. 그러므로 학급 경영자는 학급경영의 기술(계획성, 조직력, 지도력, 사무처리 능력, 학급경영 계획 수립, 프로그램 개발 능력 등)뿐만 아니라 인간관계 능력(원만한 인격, 사회성, 공정성, 소통, 공감)도 갖추어야 한다.

학교 현장에서 담임교사의 반 관리, 즉 학급경영이 제대로 이루어지지 않으면 곤란해지는 경우가 많다. 학급경영을 맡은 교사는 철학을 가지고 있어야 하며, 반을 이끄는 리더가 되어야 한다. 어떤 리더가 좋은 리더일까? 리더의 조건은 한마디로 말하면 '솔선수범'이다. 아이들에게 하는 말과 교사의 행동이 일치해야 한다. 조례나 종례 시간에 학생들을 잘 관찰하고 학급 분위기 조성에도 신경을 써야 한다. 교사가 학급 경영 철학과 학급 규칙을 지속적으로 학생들에게 언급하며 일관성 있게 지도하면 생활 지도의 어려움이 적어진다. 교사의 말이 어제와 오늘이 다르고 기분에 따라 이랬다저랬다 하면 학생들은 혼란에 빠진다. 그리고 이런 일이 반복되면 결국 교사에 대한 믿음이 약해진다. 내가 힘들더라도 아이들을 위한 일이라면 기꺼이 나서고 언제나 일관된 모습과 언행이 일치하는 모습을 보이면 아이들은 교사를 믿고 신뢰하며 따르게 된다.

학급 경영자의 역할과 태도를 정리해 보면 다음과 같다.
- 학생 중심의 창의적이고 효과적인 학급경영 프로그램을 개발·적용한다.

- 바람직한 학급 풍토와 면학 분위기를 조성한다.
- 학생별 특성과 정보를 자세히 파악하고, 개별 조력자의 역할을 한다.
- 학급경영 목표와 학급 규칙을 만든다.
- 학급 일원으로서 역할을 다하며 협력하는 태도를 기른다.
- 학생들과 신뢰를 바탕으로 원활한 소통을 한다.
- 학부모와 원만한 관계를 유지하고 의사소통을 잘한다.
- 학생들을 세심하게 살피고 존중한다.
- 학생들의 변화를 수용하는 학급 분위기를 조성한다.
- 학생들의 발전을 믿고 사랑과 봉사를 실천한다.
- 끊임없는 자기 성찰과 검증으로 리더십을 갖춘다.
- 학생들이 경쟁보다는 서로 협동하고 배려할 수 있도록 한다.
- 스스로 참여하며 주어진 문제를 자율적으로 해결할 수 있도록 한다.

학급 경영자로서 좋은 리더의 자세에 대해 한 번쯤 깊이 생각해 보는 시간을 가질 것을 추천한다.

철학을 세우는 것이 학급경영의 첫걸음

학급경영에서 가장 먼저 해야 할 일은 무엇일까? 바로 학급경영에 대한 철학을 세우는 일이다. 철학이라고 하니 거창하고 어려워 보이지만, 사실 학급경영의 목표를 세우는 것이다. 학급에서 무엇을, 왜, 언제, 어떻게 할 것인지를 고민해야 한다.

그리고 그에 앞서 '나는 어떤 교사가 되고 싶은가?'에 대해 고민해야 한다. 마음의 중심이 제대로 서 있어야 주위의 자극에 흔들림 없이 꿋꿋하게 원하는 길로 나아갈 수 있다. 아직 어떤 교사로 살 것인가를 정하지 못했다면 학창 시절 선생님, 주변의 선배 교사들, 책 속에서 만난 인상 깊은 교사들, 또 온라인에서 혹은 영화에서 만난 교사들을 떠올려 그분들의 좋은 점을 나열해 보자. 그리고 그것들을 바탕으로 '내가 꿈꾸는 교사'의 모습을 한두 문장으로 정리하자. 나는 그렇게 해서 "사랑과 믿음으로 아이들에게 비빌 언덕이 되어 주자."는 문장을 얻었다.

내가 어떤 교사가 되고 싶은지 알게 되었다면 학급경영의 첫걸음을 뗀 셈이다.

학부모에게 보내는 편지 쓰기

어떤 철학과 규칙을 가지고 학생들과 생활할지, 학생들에게 어떤 메시지를 전달할지, 학생들이 어떤 어른으로 자라면 좋을지 등 이 모든 것이 포함된 것이 바로 학급경영 철학이다. 그 학급경영 철학을 학부모에게 전할 수 있는 좋은 방법이 바로 개학 첫날 배부하는 '학부모에게 보내는 편지'다. 이는 학부모와의 관계 형성에도 긍정적인 영향을 미친다. 나는 2000년 첫 발령을 받은 후 담임을 맡은 해에는 언제나 3월 2일 등교 첫날 학부모에게 보내는 편지를 보내고 답신을 받아 오게 했다.

2월에 며칠에 걸쳐 이 편지를 준비하는 동안 1년간 학급을 경영하는 데 북극성 역할을 해 줄 교육철학도 정리할 수 있다. 그리고 어떤 마음가짐으로 반 아이들을 이끌어 갈 것인지 한 해 계획도 세울 수 있고, 이를 바탕으로 세세한 학급 규칙까지 생각해 볼 수 있다. 이런 가이드 라인이 있으면 무엇보다 학급경영의 중심을 잡는 데 큰 도움이 된다. 또 이 편지는 학생들에게도 담임교사가 어떤 부분을 중점적으로 지도할 것인지 안내하는 수단도 된다.

학부모에게 보내는 편지를 받고 정성스레 답장을 보내는 부모님들도 꽤 있다. 아이에 관한 설명과 1년간 아이를 잘 부탁한다는 내용이 대부분이다. 보통은 이렇게 학부모 편지를 보내고 답장을 받은 후 3월 말 학부모 회의 때 학부모를 처음 만나게 되는데, 편지 덕분에 어느 정도 신뢰가 쌓여서인지 호의적인 태도를 느낄 수 있다. 다른 일로 학부모와 전화 상담을 할 때도 마찬가지다.

물론 매년 학급경영에 나름의 어려움이 있었다. 어떤 해에는 학교폭력 사안이 발생해 좋지 않은 소식을 학부모에게 전할 때도 있었고, 의도치 않은 오해를 받아 서로 감정이 안 좋아질 때도 있었다. 하지만 학부모 편지로 진심을 전했기 때문인지 대부분 원만하게 해결되었다. 학급경영은 3월 첫날 첫 만남부터 시작이다. 2월에 미리 학생과 학부모를 만날 준비를 철저히 하면 한 해가 즐거워질 확률이 커진다.

나만의 학급경영 철학 만들기

교사는 뚜렷한 교육철학을 가지고 있어야 한다. 스스로 몇 가지 질문을 던지고 그에 대한 답을 생각해 보자. 이를 통해 교육철학과 교사상 및 학생상을 그린 후, 이를 바탕으로 학급경영의 큰 그림을 그려 보자. 그리고 자신만의 '교사 자아선언문' 만들기를 추천한다.

[교육관]

1. 교육에서 가장 중요하다고 생각하는 것은 무엇인가요?

2. 학급 담임으로서의 목표와 신념은 무엇인가요?
(교육관에 맞게 담임으로서 아이들과 무엇을 실현하고 싶은지 생각해 본다.)

3. 우리 반만의 특색 있는 활동으로 어떤 것을 하면 좋을까요?

(아이들과 어떤 활동을 통해 학급 담임으로서의 목표와 신념을 실현할지 생각해 본다.)

[학급 규칙]

4. 우리 반 아이들이 꼭 지켰으면 하는 것들은 무엇인가요?

[급훈]

5. 우리반 급훈은 무엇으로 정하면 좋을까요?

(개학 후 학생들과 함께 정하는 것도 좋지만, 앞의 4가지 질문으로 정리한 생각을 바탕으로

교사가 생각하는 급훈을 정하여 학생들에게 목표점을 제시하는 것도 좋다.)

1. 교육에서 가장 중요하다고 생각하는 것

아이들에 대한 사랑과 믿음, 모든 문제는 이 2가지로 다 해결된다고 생각합니다. 어떤 경우에도 교사가 학생을 포기해서는 안 되겠죠. 저는 교사로서 아이들에게 마지막 비빌 언덕이 되어 주고 싶습니다.

2. 학급 담임으로서의 목표

중학교 3년 중에서 학생들이 가장 흐트러지기 쉬운 때가 2학년 시기라고 들 합니다. 1학년 때 배운 기초 학력과 기초 생활습관을 잊지 않고 잘 연계하여 3학년 생활의 토대를 마련할 수 있도록 지도하겠습니다. 특히 겸손하면서도 당당하고 솔직한 사람으로 자라날 수 있도록 생활 지도에 많은 신경을 쓰겠습니다. 이런 목표를 달성하기 위해서 학생들의 모둠 활동을 활성화하고 좋은 책을 많이 읽도록 지도하겠습니다.

3. 우리 반의 특색 있는 활동

1) 독서 활동

아침 자습 시간은 무조건 독서 활동에 할애하겠습니다. 독서는 우리 학교, 우리 교육청의 중점사업이기도 합니다. 독서를 통해 학생들이 차분하게 하루를 시작할 수 있도록 하겠습니다. 이를 위해 학교와 학원의 과제는 가능하면 집에서 해결할 수 있도록 가정의 협조가 필요합니다.

2) 생일 파티

한 달에 한 번씩 생일 파티를 하려 합니다. 반 전체 학생들이 생일을 맞은 학생에게 카드를 전달하고 간단한 다과를 함께 나눕니다.

3) 모둠 일기 쓰기와 학급문집 만들기

모둠을 구성하여 각 모둠별로 모둠 일기를 쓰겠습니다. 1년 동안 작성한 모둠 일기와 학급 활동 내용을 모아 학년 말에 학급문집을 발간하겠습니다.

1. **선생님이 그리는 우리 학급의 최종 모습**

   웃음이 넘치고 서로 존중하고 배려하는 화목한 가족 같은 반

2. **바라는 교사상**

   학생들을 믿고 사랑으로 대하는 교사, 단호함과 친절함을 갖춘 교사, 학생들에게 비빌 언덕이 되어 주는 교사, 존경받는 교사

3. **바라는 학생상**

   배운 것을 실천할 수 있고, 자신을 표현할 줄 알며, 다른 사람을 배려하고 베풀 줄 아는 사람

4. **학급경영 중점사항**

   우리 학급의 최종 모습을 가능하게 하는 실천방안입니다.

   – 독서 활동 : 독서와 더불어 성장 일기, 나눔 일기를 작성하여 꿈을 찾는 활동입니다.

   – 3분 말하기 : 학생들이 학교에서 자유롭게 말할 수 있는 분위기를 조성하고, 학생들의 경청하는 태도를 습관화하며, 칭찬 등 긍정의 피드백을 주는 문화를 정착시키기 위한 활동입니다.

   – 협력 활동 : 공동체 의식, 팀워크, 리더십 향상을 위한 다양한 활동입니다.

학급 규칙 예시 ①

♧ 하자 하재!!!

1. 꿈을 가지자!!! 꿈☆은 이루어진다! 꿈꾸는 자는 아름답다!

2. 자신감을 가지자!!! 공부, 재능과는 상관없이 누구나 자기 인생의 당당

한 주인공이다!

3. 지킬 것은 지키자!!! 가정에서나 학교에서 지켜야 할 기본적인 예의, 규칙을 지키자!

♧ 하지 말자!!!

1. 요령을 피우지 말자!!! 자기가 맡은 일에 최선을 다하자!

2. 거짓말을 하지 말자!!! 타인은 물론 자기 자신을 속이는 행동은 하지 말자!

3. 다투지 말자!!! 친구들은 나의 경쟁상대, 시기, 질투의 대상이 아니다. 신체적, 정신적으로 친구들을 괴롭히지 말자!

※ 학교폭력에 대한 처벌이 강력해지고 있습니다. 신체폭력뿐 아니라 ○○톡이나 SNS 등을 통한 언어폭력 및 인신공격 또한 강력하게 처벌하고 있으니 학생들에게 이 점을 주지시켜서 불미스러운 일이 발생하지 않도록 지도합니다.

학급 규칙 예시 ②

[1-3반 10계명]

1. 3반은 정직하게 행동한다.

2. 3반은 정리정돈을 잘한다.

3. 3반은 시간 관리를 잘한다.

4. 3반은 사소한 것에도 정성을 다한다.

5. 3반은 때와 장소를 가려서 행동한다.

6. 3반은 내가 존중받고 싶은 만큼 다른 사람을 존중한다.

7. 3반은 웃는 얼굴로 인사하고 예의를 갖춘다. (긍정마인드 장착!!!)

8. 3반은 실수를 인정한다. (틀려도 괜찮아! 하지만 인정할 건 인정하자.)

9. 3반은 배워서 익힌 것을 실천한다. 나부터 실천한다. 꾸준히 실천한다.

10. 3반은 나의 의사를 정확하게 표현하고 다른 사람의 이야기에 귀를 기울인다.

※ '우리 반 10계명'을 크게 출력해서 아이들이 항상 볼 수 있도록 게시한다.

급훈 예시 ①

나답게, 너답게, 그리하여 함께

학급경영, 그 원칙과 실제

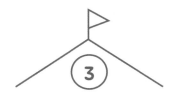

첫 만남에서는 학급경영의 원칙과 계획을 소개하고 담임으로서 어떤 기대를 가지고 어떤 학급을 만들어 갈 것인지, 담임교사와 학생이 각기 어떤 마음의 준비를 해야 하는지, 담임교사로서 어떤 당부를 할지 등을 안내한다. 연간 혹은 일주일간의 학사일정이나 임시 시간표와 준비물 등을 안내하여 학교생활에 쉽게 적응해 나갈 수 있도록 돕고, 이를 교실 게시판에 붙여서 스스로 확인하고 챙기는 습관을 기를 수 있도록 한다.

학급경영의 원칙

1. 교육적 학급경영

교육적 학급경영은 모든 학급경영 활동이 교육의 본질과 목적에 부합하도록 운영하는 것이다. 학급경영은 인간이 교육을 통하여 성장, 발전한다는 신념 아래 학생 개개인의 흥미, 적성, 능력, 창의성을 최대로 개발하여 자아를 실현할 수 있도록 운영되어야 한다.

2. 학생 이해의 학급경영

학생 이해의 학급경영은 학급경영의 구상과 전개가 학생의 이해를 기반으로 이루어져야 한다는 뜻이다. 학생의 심리적 욕구 충족, 학습동기 유발, 부적절한 행동 수정, 과업 수행을 극대화하는 집단 운영 등의 학급경영 과업은 학생의 심리적 이해를 통하여 보다 효율적으로 수행될 수 있다.

3. 민주적 학급경영

민주적 학급경영은 인간존중, 자유, 평등 및 참여와 합의 등 민주주의 원칙에 입각하여 학급을 경영하는 것을 말한다. 민주적으로 운영되는 학급에서는 학급 구성원 개개인의 인격이 존중되고, 자유로운 학급 분위기가 조성되며, 학생 스스로 결정하고 책임질 수 있는 행동이 조장된다. 또한 평등하고 공정한 처사에 의해 학급이 운영되고, 학급 구성원이 학급운영에 참여할 수 있는 절차와 과정이 투명하게 운용된다.

4. 효율적 학급경영

효율적 학급경영이란 학급의 자원을 효율적으로 사용하여 학급의 목표를 달성함과 아울러 학급 구성원의 심리적 만족을 충족시키는 학급운영을 말한다.

학급경영의 실제

1. 학생 파악

학생을 파악하는 방법에는 상담과 학생이 직접 설문을 작성하는 방법이 있다. 일단 학생이 설문에 직접 답변을 작성하도록 하고, 이를 상담으로 보완하는 방법을 추천한다. 특이한 사항에 대해서는 전 학년도 담임교사를 통해서도 정보를 얻을 수 있으나 자칫 그가 학생에 대하여 가지고 있는 편견을 그대로 받아들일 위험이 있으니 주의해야 한다. 학생을 파악하는 데 있어서 알아야 할 것은 성장 과정, 가정환경, 취미, 특기, 신체적 특징(병력 등), 인생관, 장래 희망, 성적, 친구 관계, 고민, 희망사항 혹은 건의사항 등이다.

특히 자신의 성장 과정은 일정한 분량을 정해 주고 자신의 삶을 에세이 형식으로 적도록 하는 것이 좋다. 이를 통해 학생의 인생관, 지나온 시간에 대한 소회 등도 알 수 있다. 학생이 숨기고자 하는 사항에 대하여는 기본적으로 비밀을 지켜 주되, 필요하다고 판단될 때는 학부모와의 전화 상담이나 전 학년도 담임교사와의 면담을 통해 사실을 파악하는 것이 좋다.

2. 학급 조직

학급은 학교 교육을 실천하는 기본 단위조직이다. 비슷한 집단의 학급이라 하더라도 구성원을 어떻게 조직하고 운영하는가에 따라 학급 간에 상당한 차이가 난다. 학급 조직을 편성하고 운영할 때 고려할 사항은 다음과 같다.

1) 반장 등 학급 임원 선거는 민주적 절차에 따른다

담임교사의 학급운영은 반장 등 학급 임원이 누구냐에 상당한 영향을 받는다. 괜찮은 반장을 만나면 담임교사의 학급운영이 상당히 수월해지는 반면에, 그렇지 못하면 도움이 되기는커녕 오히려 큰 짐이 될 수도 있다. 그러나 학년 초 담임교사가 반장을 일방적으로 지명하는 것은 민주적이지 못할 뿐더러 반장의 정통성에도 문제가 될 수 있다. 그러므로 반장 선거 전에 학급에 이상한 기류가 감지된다면 담임교사가 염두에 두고 있는 학생에게 출마 여부를 확인하고 적극적으로 권유하는 방법을 추천한다. 아무런 조치 없이 그냥 선거에 들어가면, 선거 당일 이상한 분위기에 휩쓸려 의외의 학생이 반장이 될 수가 있다. 그 결과 담임교사는 1년 내내 곤혹스러운 상황을 겪어야 할 수도 있다.

2) 모든 학생이 학급을 위해 봉사할 수 있도록 조직한다

모든 학생이 무슨 일이든지 하나의 임무를 맡아 책임감을 가지고 실천할 수 있도록 하는 것이다. 분기나 학기별로 돌아가면서 임무를 맡거나 임무를 세분화하여 맡는 방법도 있다. 예를 들어 청소반장을 구역별로 세분화하는 방법, 체육대회 때 응원 담당, 물 담당, 선수 안마 담당 등으로 나누어 맡는 방법 등이 있다. 학생들에게 가급적 여러 가지 일을 나누어 맡게 하면 학급에 대한 소속감을 높일 수 있다.

3) 맡은 일을 자율성과 창의성을 발휘하여 수행하도록 돕는다

학급회의를 통해 각 부장들이 선출되면, 각자 어떤 일을 할 것인지 계획을 세우도록 하는 것이 좋다. 봉사부는 어떤 봉사활동을 어떻게 할 것인지 계획하여 실제 봉사활동을 주도하도록 하고, 학습부장은 도움이 되는 학습정보를 어떤 방식으로 수집할 것인지, 또 어떤 학생들에게 제공할 것인지 등 구체적인 계획을 세우도록 한다. 또한 미화부장은 교실 공간을 어떻게 하면 더 깨끗하게 꾸미고 유지할 수 있는지 그 방안을 연구하도록 한다. 담임교사가 이렇게 이끌어 줄 때 학생들은 자신이 맡은 역할이 이름뿐인 것이 아니라 정말 중요하다는 것을 알게 된다. 그러면 더욱 성의를 가지고 역할을 수행하게 되고 마침내 성취감까지 느끼게 된다.

4) 맡은 일을 수행하는 동안 조언하고 격려한다

체육대회 준비를 담당한 학생들이 체육대회를 어떻게 치를 것인가를 상의한다면 학생들의 의견을 경청한 다음 핵심적인 사항에 대하여 담임교사의 의견을 제시하는 것이 좋다. 학생들에게 모든 것을 맡기고 담임교사는 팔짱을 낀 채 방관하는 경우도 종종 있는데, 그러면 아이들이 중심을 잡지 못해 흐지부지되곤 한다. 담임교사가 관심을 가지고 중심을 잡아 주면 학생들은 더 신이 나서 일하게 되고, 일도 상당히 빠르고 쉽게 추진된다.

5) 낯선 행동을 하는 학생을 항상 담임 곁에 둔다

학생 2~3명 때문에 학급 분위기를 망치는 경우가 있다. 그런 일을 방지하려면 담임교사는 낯선 행동을 보이는 학생들에게 관심을 가지고 자주 만날 수 있는 학급 일을 맡김으로써 자신의 가시권 안에서 수시로 계기 교육이나 상담을 할 수 있도록 신경 써야 한다. 예를 들어 매일 교무실 칠판에 출석 체크를 하는 일이나 자율학습 때

인원을 점검하는 일, 가칭 '학급운영상임위원회'의 위원으로서 학급의 주요 현안이 생길 때마다 의견을 얘기하도록 하는 일 등이다. 낯선 행동을 보이는 학생은 자신이 소외되거나 무시당할 때 문제를 일으킬 확률이 높다. 반장 등 임원에게 학급 일을 결정할 때 가끔 그들에게 의견을 묻도록 하는 것도 이런 학생들을 학급 안으로 끌어들이는 좋은 방법이다.

3. 출결 지도

출결 지도는 확실한 원칙이 있어야 하고, 그 원칙은 1년 동안 흔들리지 않아야 한다. 똑같이 지각했는데 누구는 봐주고 누구는 봐주지 않는다든가, 똑같이 아프다는데 언제는 조퇴를 허락하고 언제는 허락하지 않는 일은 바람직하지 않다. 학년 초 학생들에게 미리 조퇴가 가능한 경우와 가능하지 않은 경우를 명확히 알려야 한다. 학부모의 동의도 반드시 받아야 한다. 무단결석 학생이 있다면 다각적인 방법으로 그 원인을 찾아내 치료하고 지도해야 한다. 단순히 결석했다고 혼내는 담임이 아니라 학생의 결석을 안타깝게 여기고 고민하는 담임의 모습을 보여야 한다.

출결 지도에 관한 고려사항 몇 가지를 제시한다.

1) 출결 지도 원칙을 분명히 한다

학년 초 출결 규정을 설명하고, 담임의 출결 지도 원칙을 공포한다. 출결에 대하여는 철저히 할 거라는 인상을 심어 주는 것이 좋다. 그렇지 않고 타협의 여지를 남기면 학생들은 그런 허점을 쉽게 파고든다. 단 원칙은 다른 반과 어느 정도 비슷할 필요가 있다. 결석, 지각, 조퇴, 결과 등에 대하여 관대한 담임은 그 순간에는 좋은 선생님으로 보일 수 있지만, 이것이 반복되면 출결이라는 학교생활의 기본이 흔들리게 된다. 그러면 다른 부분에까지 부정적인 파급력이 미칠 수 있음을 기억하자.

2) 출결 문제는 원인을 파악한 후 지도한다

학생이 사고 결석이나 사고 지각, 결과 등을 한다면 단순히 체벌하거나 꾸짖을 것이 아니라 상담 등을 통하여 그 원인을 파악하고 지도해야 한다. 먼저 마음을 열고 그 원인에 대해 대화한 다음, 스스로 확실한 자기 반성을 하도록 이끌어야 한다. 그 이후에 교칙이나 학급 규칙대로 처리하는 것이 바람직하다. 지각이 잦은 학생에 대하여는 학부모와 전화 상담을 하는 것도 좋은 방법이다. 가정에서도 경각심을 가지고 학생을 지도할 수 있기 때문이다.

3) 조퇴의 경우 질병의 경과나 귀가를 확인한다

조퇴한 학생, 특히 질병으로 조퇴한 경우에는 다음 날 얼마나 나아졌는지 경과에 대해 반드시 확인한다. 그것은 담임의 관심을 표현하는 한편 거짓으로 질병 조퇴한 학생에게 심리적인 죄책감을 느끼게 하는 방법이다. 조퇴가 잦다거나 조퇴의 사유가 의심스럽다면 가정에 확인해야 한다. 이러한 확인은 그 자체도 중요하지만 다른 학생들에게 미치는 영향 또한 크기 때문이다. 확인을 위해 학부모와 통화할 때는 먼저 학생의 근황에 대한 이야기를 나눈 후에 귀가 여부를 묻는 것이 좋다.

4) 반드시 결석계를 제출하게 한다

결석계 제출은 철저히 지도한다. 결석계는 학부모의 도장이나 친필 사인을 받는 것은 기본이고 학부모의 의견을 친필로 적게 하는 것이 좋다. 이로써 학생의 결석을 학부모가 반드시 알게 해야 한다. 결석계 제출은 학교의 교칙임을 학년 초에 강조해 두면 1년 동안 결석계 제출과 관련해서 담임이 신경 써야 할 부분이 줄어들 수 있다.

5) 지각, 결석, 무단결석 예방 지도

(1) 지각

지각을 자주 하는 학생은 교사의 꾸중이나 다른 학생들의 조롱 대상이 되어 소외감을 느끼거나 스스로 바람직하지 못한 생활습관을 통제하지 못한다는 생각이 들어 좌절감에 빠지기 쉽다. 그러한 소외감과 좌절감은 결국 학교생활에 대한 흥미를 잃게 만들어 장기 결석이나 학업 중단 또는 다른 비행으로 이어질 수 있다. 그러므로 신경 써서 지도한다.

- 지각의 원인
  - 생리적으로 늦게 일어나는 생활 리듬을 가지고 있는 경우
  - 학교에 대한 부정적인 정서가 등교를 지연하도록 작용하는 경우
  - 불규칙적인 생활습관을 가지고 있거나 책임감이 부족한 경우
  - 집단 따돌림(괴롭힘)이나 폭력을 당하는 경우
- 지각 학생의 지도
  - 원인이 무엇인지 정확하게 파악하고 규칙적인 생활습관을 갖도록 지도한다.
  - 제시간에 교실에 도착하는 것이 학생의 중요한 의무이고 책임임을 인식시킨다.
  - 학교에 대해 불안감이나 공포심과 같은 부정적인 정서를 가지고 있는지 알아본다. 공부가 너무 어렵거나 선생님이 무섭거나 친구가 괴롭히는 것은 아닌지 알아보고 필요한 경우 즉시 후속조치를 취한다.
  - 담임교사가 다른 학생들 앞에서 지나치게 꾸중할 경우 학생의 자아가 심하게 상처를 받아 지각 행동을 오히려 강화하는 결과를 가져올 수도 있으니 주의한다. 담임교사의 무관심 역시 마찬가지다.

(2) 결석, 무단결석

생활 지도에서 학급 담임교사가 가장 관심을 갖고 지도해야 할 부분이 바로 결석 예방 지도이다. 학생이 결석을 했는데 담임교사가 특별한 지도 없이 넘어간다면 해당 학생은 점점 결석하는 횟수가 늘어날 가능성이 크다. 나아가 친구를 유인하여 같이 결석하게 될 수도 있으니 주의를 기울여야 한다.

- 결석 학생의 지도
  - 가장 먼저 학부모에게 전화로 무단결석 사실을 알려 그 사유를 알아본다. 학생의 무단결석 사실을 모르는 학부모가 의외로 많으므로 반드시 전화통화를 하는 것이 좋다. 간혹 나중에 무단결석을 알려 주지 않았다고 담임교사를 원망하는 학부모도 있다는 사실을 기억하자.

– 결석 학생이 교사와 급우들이 자신에게 관심이 있음을 느끼도록 한다.

– 무단결석이 계속된다면 학부모에게 통지서를 보내 학부모 상담을 실시하여 그 원인을 밝히고 적절한 지도를 해야 한다. 만약 상담이 어렵다면 가정방문을 하는 것도 좋은 방법이다.

– 학부모 상담과 학생 상담으로도 학생의 무단결석이 개선되지 않는다면 학교 상담교사나 관리자와 상의하여 적절한 방법을 협의한다.

• 지도 후 사후조치

무단결석은 금품갈취, 성폭력 및 성매매 등 청소년 비행으로 이어질 수 있다. 그러므로 담임교사가 취한 모든 지도 내용을 지도 일지에 기록으로 남겨 향후 문제가 발생할 경우를 대비해야 한다.

4. 담임교사 중심의 인성교육 활동

1) 급훈 및 학급 규칙 정하기

급훈 및 학급 규칙 등은 일방적으로 주어지는 강요사항이 되어서는 안 된다. 학생들과 함께 따라야 할 행동절차를 개발하고 이를 학급 활동을 전개하면서 학생들에게 가르쳐야 한다.

(1) 시간 관련 학급 규칙 : 등교 시간, 조회 시간, 쉬는 시간, 수업 시간, 점심시간, 청소 시간, 하교 시간 등

(2) 공간 관련 학급 규칙 : 교실에서의 생활, 복도나 운동장에서의 생활, 특별교실에서의 생활, 가정에서의 생활, 사회에서의 생활 등

2) 조례 시간과 종례 시간에 인성교육 실시

(1) 전달사항이 있으면 생활을 소재로 삼아 대화로 풀어 간다.

(2) 세시풍속이나 역사적 사건을 아이들의 수준에 맞게 이야기해 준다.

(3) 지시나 잔소리가 아니라 마음을 움직일 수 있는 감동적인 이야기를 들려준다.

(4) 생각해 볼 가치가 있는 기사(칼럼, 토막기사, 만평 등)를 이용해 생각하고 발표하는 시간을 갖는다.

(5) 노래로 시작하고 마무리한다.

(6) 나의 좌우명 등 좋은 생각이나 책의 내용을 나눈다.

(6) 조례, 종례 시 지켜야 할 예절 지도를 병행한다.

3) 기본 생활습관 지도

(1) 사회생활의 기본이 되는 예절과 습관을 실천하도록 하여 함께 살아가는 공동체 의식을 갖도록 이끈다.

(2) 자신과 더불어 남을 생각하고 배려하는 마음을 기르고 작은 일부터 실천하는 습관을 기르도록 지도한다.

(3) 개인주의를 넘어서서 전체를 볼 수 있는 능력을 기르도록 지도한다.

(4) 사회의 변화 속에서도 기본과 원칙을 지킬 줄 아는 의식을 가지도록 지도한다.

(5) 기본 생활습관 지도 세부사항을 수시로 훈화 지도하고 학부모가 참여하도록 유도하며 교과 시간에도 적극 지도한다.

4) 개인 예절 생활 지도

(1) 정직한 생활 : 말과 행동의 일치, 약속과 시간 지키기, 시험부정행위 하지 않기 등을 지도한다.

(2) 성실한 생활 : 맡은 바 일을 성실하게 실천하여 책임을 완수하도록 지도한다.

(3) 바른 몸가짐 : 온화한 표정과 바른 걸음걸이 실천하기, 신발을 질질 끌거나 꺾어 신지 않기, 단정하고 청결한 옷차림 유지하기 등을 지도한다.

(4) 청결한 생활 : 외출 후 손발 씻기, 머리 감기, 침 함부로 뱉지 않기, 쓰레기 버리지 않기, 책상 서랍 및 책가방 깨끗하게 정돈하고 사용하기 등을 지도한다.

(5) 검소한 생활, 절약하는 생활, 바른 말씨 및 언어를 사용하는 생활을 할 수 있도록 지도한다.

5) 학교에서의 예절 생활 지도

선생님에 대한 예절, 교우에 대한 예절, 수업 시간 예절, 실내정숙 등을 지도한다.

6) 상담 활동 강화

(1) 담임교사의 상담 활동 정례화

- 쪽지 상담, 이메일 상담, 전화 상담, 모둠 일기 활용 상담 등 상담 방법을 다양화한다.
- 개인 상담을 누가 기록하고 이를 통해 상담 내용을 종합적으로 분석하여 학생을 지도한다.
- 조례, 종례 시간에 담임교사 훈화 시간을 확보하고 필요한 경우 상담 활동도 한다.

(2) 낯선 행동을 보이는 학생에 대한 지속적 관찰 상담

- 낯선 행동을 보이는 학생을 파악하여 폭력, 집단 괴롭힘(따돌림), 비행, 가출, 흡연, 음주, 절도 등에 연루되지 않도록 지도한다.
- 학생의 낯선 행동을 분석하고 특별 지도한다.
- 가출 학생, 장기 결석 학생, 보호관찰 학생을 파악하여 집중 지도한다.

(3) 가정과 연계 지도 방법 확보

- 전화 상담, 이메일 상담 등 담임교사와 학부모의 수시 상담 체제를 유지한다.
- 학교생활 상황을 가정에 통보한다.
- 낯선 행동을 보이는 학생의 학부모와 지속적인 상담 활동을 전개한다.
- 낯선 행동을 보이는 학생을 위한 교사, 학부모, 유관기관(단체) 간의 공조 체제를 구축한다.

(4) 학급 봉사활동, 학급회 활동

상담을 통하여 학급 봉사활동과 학급회 활동을 권함으로써 소속감을 느끼도록 하여 낯선 행동을 줄인다.

5. 학교폭력 예방과 지도

1) 학교폭력의 진단

최근 학교폭력은 저연령화, 여성화, 집단화되고 있으며 폭력의 장소는 학교는 물론 등하교 시간대의 골목, 공원, PC방, 노래방 등으로 확대되고 있다. 한편 교내에서 은밀하게 발생하는 건수도 상당히 많다. 학교폭력은 상당한 시일이 지날 때까지 알려지지 않는 경우가 많으므로 조례, 종례 시간에 학생들을 관찰하고 상담하여 조기에 파악할 수 있도록 한다.

2) 피해학생의 단서

(1) 평소보다 어두운 표정이고 기가 죽어 주위를 살피고 두려워하는 기색을 보인다.

(2) 수업 중 멍하니 창밖을 쳐다보는 일이 잦고 쉬는 시간이나 점심시간에 친구들과 어울리지 못하고 혼자 있다.

(3) 늦게 등교하거나 혼자 늦게 교실에 들어오는 경우가 많고 놀림을 당해도 반항하지 않고 아부하듯 행동한다.

(4) 체육 시간이나 야외활동 시 혼자인 경우가 많고 일기나 노트에서 죽고 싶다는 낙서나 폭력적인 그림 등이 발견된다.

(5) 자주 혼자서 행동하고 조퇴나 결석이 잦아지고 갑자기 성적이 큰 폭으로 떨어진다.

(6) 상담실이나 교무실 앞을 서성이거나 남의 시선을 피해 울고 있는 경우가 있다.

(7) 자신의 외모나 청결 등 몸치장에 관심이 없고 전학을 요구하거나 전학 방법에 대해 이야기한다.

(8) 갑자기 신체적 외상이 생기고 그 이유를 설명하지 못한다.

학급경영, 디자인하기

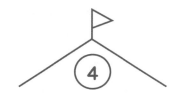

학급경영 디자인의 필요성

'학급'은 학교 교육의 목적을 수행하기 위해 교사와 학생이 교육과정을 바탕으로 교육 활동을 전개하는 교수·학습 조직, 그리고 학급경영 디자인을 위한 기본단위다. 학급 경영을 디자인한 '스토리가 있는 학급 만들기', '소통과 공감이 있는 학급 만들기' 등의 다양한 교육 활동을 계획하고 운영함으로써 학생들의 소질을 계발하고 능력을 극대 화시켜 자신의 꿈과 끼를 스스로 키워 나갈 수 있도록 하여 모두가 행복한 교실을 만 들어 나갈 수 있다. 이것이 바로 학급경영 디자인의 필요성이다.

학급경영 디자인의 유의점

- 먼저 교사 자신의 특성을 점검한다. 그리고 교직관을 정립한다.
- 학교와 학급, 학생의 특성을 파악한다. 그리고 그 특성에 맞는 학급경영을 한다.
- 학급경영의 중심은 언제나 학생 자치에 두어야 한다. 자율성이 바탕이 되어야 만 학급경영이 원하는 방향으로 원만하게 지속될 수 있다.
- 도달 가능한 목표를 수립한다.

- 교사의 적성에 맞지 않는 것은 억지로 하지 않는다. 자신이 좋아하는 것, 잘하는 것을 학급경영에 접목시키자. 교사가 행복해야 학생들도 행복하다.
- 끊임없는 자기 계발이 필요하다. 교직의 장점으로 직업과 직무의 안정성을 꼽는 사람이 많다. 하지만 그 안정성이 변화에 대한 설렘, 긴장감 등 다이내믹한 정서 부족으로 인한 현실 안주의 원인이 될 수도 있다. 그러므로 반복되는 일상 속에서도 자신을 충전할 자기 계발이 필요하다.
- 계획 없이 이런저런 활동을 해 보는 백화점식 학급경영, 그리고 이벤트식 일회성 행사는 지양해야 한다.
- 동료들과 함께한다.

학급경영 연간 계획 세우기

1. 학기 초 학급경영 디자인하기

학생들은 학기 초 새로운 학교생활에 대한 기대감과 함께 환경의 변화로 인한 불안감을 느낀다. 따라서 학생들이 새로운 환경에 빨리 적응하여 안정감을 가지고 학급활동을 할 수 있도록 담임교사의 아주 특별한 학급경영 디자인이 필요하다.

학기 초 활동으로는 교실 환경 구성, 학생 신상 파악, 학부모와 네트워크 구성, 급훈 정하기, 학급 규칙 정하기, 청소 당번 배정, 기본 생활습관 지도 등이 있다.

1) 교실 환경 구성
(1) 함께 만드는 교실 환경
- 교실 환경 정비
- 연간 운영 계획서 및 점검표 작성 및 게시
- 교사의 학급경영 철학, 학생들의 생각이나 요구사항을 반영한 교실 환경 구성

(2) 정서적 안정 및 학습에 도움을 주는 환경 구성

- 교육과정 관련 안내 자료 및 학습 활동 결과물 게시
- 학급 도서 정비, 깨끗하고 정돈된 공간, 쉼터 마련
- 학급 특색 활동, 학급 규칙 등을 위한 안내 자료 제공

2) 학급 규칙 정하기

(1) 행복한 교실, 민주적인 학급운영을 위한 학급 규칙 정하기

- 자신이 생각하는 규칙 2가지를 붙임종이에 쓰기
- 돌아가며 말하기로 의견을 분류하고 모둠 의견 3가지를 선정
- 모둠 의견을 칠판에 붙이고, 다시 분류하여 전체 의견 5~6가지를 선정

(2) 선정된 의견을 학급 규칙으로 정하여 게시하기

- 학급 규칙의 필요성을 이해시키고 스스로 지킬 수 있도록 유도

3) 자리 배치

(1) 학습 환경 조성, 교사와 학생, 학생과 학생 간의 관계 파악, 교실 공간의 활용을 목적으로 자리를 배치한다.

(2) 3월 한 달 동안은 번호에 따라 자리를 배치하고 유지한다.

(3) 짝과 먼저 친해지도록 한 후 모둠으로 소통하도록 자리를 배치한다.

(4) 교사와 아이들이 어느 정도 익숙해지고 학습 환경이 조성되면 학급운영의 시기, 내용 등을 고려해 자리에 변화를 준다. 월 1회 정도 자리 배치를 바꾸는 것이 좋다.

4) 집단 상담을 위한 모둠 구성

(1) 학생의 성별, 기질, 성격, 성적, 인종 등을 고려하여 모둠을 구성한다.

- 성별 기준 : 성비가 맞지 않을 경우 남학생의 수를 많게 구성한다.
- 기질 · 성격 기준 : 성향이 비슷한 학생을 같은 비율로 구성한다.

(2) 모둠원의 역할은 활동에 따라 다양하게 부여할 수 있다.

(3) 모둠 규칙을 정한다.

(4) 모둠을 소개하는 자료를 만들고 벽면에 게시한다.

- 모둠 명, 모둠 명 설명, 구호(동작 포함), 모둠 규칙 등

5) 모둠 세우기

(1) 모둠 세우기 활동은 다양한 특성을 가진 학생들이 상호존중과 배려로 서로 협력하는 하나의 모둠을 만들어 가는 과정이다.

(2) 흥미 유발을 위한 게임이 아니라 공동체 의식을 길러 주는 활동이다.

(3) 모둠 세우기 활동이 잘되면 학습 활동도 잘 이루어질 수 있다.

(4) 활동 목표는 모둠원과 친해지기, 개인의 차이 존중하기, 서로 도와주기, 모둠의 정체성 세우기, 모둠의 시너지 효과 확인하기 등이다.

(5) 활동 방법은 꼬마 출석부, 3단계 인터뷰, 매직넘버, 이구동성, 협동의자 게임, 풍선 치기, 모둠 이름 · 팻말 · 구호 · 콜라주 만들기 등이다.

(6) 학생들의 특성을 이해할 수 있으며 서로 관심을 가지게 된다.

6) 학급 임원 선출

(1) 학급 임원 선출의 필요성과 방법 안내

- 학급을 위해 봉사할 수 있는 학생이면 누구나 입후보 가능
- 학급을 위해 할 수 있는 일을 생각하여 발표문 쓰기

(2) 학교 임원 선출 규정에 따라 학급 자치 활동을 이끌어 갈 대표를 선출

7) 1인 1역 정하기

(1) 즐겁고 행복한 학급 함께 만들기, 학급에 기여함으로써 소속감 키우기 등 1인 1역의 필요성을 안내한다.

(2) 행복한 학급을 위해 해야 할 일을 학생들과 함께 정리한다.

(3) 학급 협의를 통해 1인 1역을 정하고 기간별로 윤번제로 실천한다.

(4) 다양한 방법으로 강화 · 보상한다.

2. 학기 중 학급경영 디자인하기

학기 중에는 학급경영 계획에 따라 다양한 교육 활동이 이루어지며, 그 과정에서 학생들은 진정한 배움과 성장을 경험하게 된다. 이에 교사는 자신의 소신과 교육적 철학을 담아 학급을 운영해 나가야 하며, 지속적인 점검과 보완으로 교육목표를 달성할 수 있도록 최선을 다해야 한다. 학기 중 학급경영 중점사항은 생활 지도, 안전 지도, 상담 활동 등이 있다.

학기 중 활동으로는 학교 행사, 면학 지도, 지각 · 결석 · 가출 지도, 학교폭력 예방 지도, 봉사활동 지도, 약물 오남용 예방 지도, 안전사고 예방 지도, 상담 및 인성교육, 올바른 성교육, 올바른 생활습관 지도 등이 있다.

1) 학부모 총회
(1) 3월 중순에 이루어지는 학부모와의 공식적인 첫 만남의 시간이다.
(2) 학부모와 담임교사 모두에게 매우 소중한 시간이다. 담임교사는 교육철학, 학급경영관, 교육과정 및 학급 교육 활동 운영 계획을 발표하고, 학부모는 자녀의 학습활동을 살피고 교육에 관해 상담한다.
(3) 학부모와 담임교사 사이에 신뢰감을 쌓으면 원활한 학급경영을 위한 든든한 힘을 얻을 수 있다.
(4) 학부모를 위한 PPT 자료, 유인물 등을 제공한다. 불참자에게도 배부한다.
(5) 학부모에게 무슨 말을 어떻게 할 것인지 미리 계획을 세워 보는 것도 좋다.
  • "우리 반 학생들은 표정도 밝고 예뻐서 담임인 저로서는 참 행복합니다."
    − 학부모의 마음을 열 수 있는 긍정적인 말로 시작한다.
    − 학부모에 대한 인상이나 느낌을 덧붙이면 더 좋다.
    − 학부모 총회에 앞서 담임 소개, 교육철학, 1년 학급경영 계획, 중점 교육 활동, 학부모 협조사항 등을 PPT나 유인물로 만들어 그것에 근거하여 이야기를 풀어

나간다. 다만 자료에 너무 의존하지 말고 학부모와 눈을 맞추며 이야기한다.

– 단정한 옷차림과 부드러우면서도 분명한 말투와 당당한 자세로 교실 앞 가운데 서서 이야기한다. 컴퓨터를 활용할 때에도 너무 구석진 곳은 피한다.

– 교사의 교육철학이나 교육방침을 명확히 전달한다. 아무리 좋은 교육 활동이라도 교사의 교육철학이나 교육방침이 학부모에게 제대로 전달되지 않으면 오해를 일으킬 수 있다. 그러므로 학부모 총회 때 담임의 교육철학과 학급경영 중 특별한 교육 활동에 대해 자세히 안내하고 필요한 경우 반드시 협조를 구해야 한다. 참석하지 못한 학부모를 위해서는 유인물을 전달하여 안내한다.

– 학부모단체를 조직한 경우 학교의 가정통신문 외에 담임교사가 알고 있는 각 학부모단체의 활동횟수, 좋은 점 등을 기록하여 협조를 구하는 것이 좋다.

• "자녀의 말을 듣고 의문이 생기시면 언제든지 연락 주십시오."

– 학교 전화번호 등을 안내하여 학부모에게 소통의 기회를 제공한다. 학부모에게 보내는 편지를 통해 교사와 소통할 통로를 미리 알리는 것도 좋다.

– 아이들은 자신에게 유리한 쪽으로 생각하거나 인상적인 것만 선택하여 기억하는 경우가 있음을 이야기한다. 그리고 그로 인해 자신의 기대나 기억하고 싶은 부분만을 확대해서 말한다는 점도 밝힌다.

– 아이들은 어떤 상황이 일어나게 된 맥락을 고려하지 않고 자기 이야기만 늘어놓거나 강조하는 경향이 있으며, 학급의 일상생활 중에도 친구의 감정이나 친구에게 어떤 피해를 줄지를 전혀 생각하지 않고 말하기도 한다. 부모는 아이에게 가장 편안한 상대이기 때문에 맥락이 고려되지 않은 이야기를 많이 하게 된다는 사실을 언급하는 것도 좋다.

– 스스로 잘못했다고 느낄 때에도 부모에게 혼나지 않기 위해 자신에게 유리한 것만 부모에게 말하는 경우가 있다. 평소 자녀의 실수나 잘못을 용납하지 않거나 무섭게 혼을 낸다면 더욱 그럴 수 있다.

– 가끔은 담임교사를 곤란하게 만들려고 사실과 다르게 말하기도 한다.

• "아이들 옆에 담임교사가 있다고 생각하고 말씀해 주세요. 저도 항상 아이들 옆

에 학부모님이 계시다고 생각하고 말하겠습니다."

– 자녀의 교육에 있어 교사와 학부모가 서로 신뢰하는 모습을 보여 주는 것과 절대 서로 비난하지 않는 것이 중요하다는 것을 이야기한다.

– 교육은 말과 행동이 일치할 때 가장 큰 효과가 있다. 교사가 학부모를, 학부모가 교사를 존중하는 모습을 보여 준다면 아이들은 '존중'을 배우게 될 것이다.

– 학생들의 돌발적인 행동이나 어이없는 행동으로 인해 순간적으로 큰소리를 낼 때가 있는데 아이 옆에 학부모가 있다고 생각하면 좀 더 조심하게 될 것이다.

– 학부모에게 일방적으로 "~해 주십시오."라고 하지 말고 "저도 ~하겠습니다."라고 덧붙이는 것이 좋다. 이는 교사도 학부모를 존중하겠으니 학부모도 교사를 존중해 달라는 제안이자 부탁의 표현이 될 수 있다.

2) 학교 행사와 연계한 학급경영

학생들의 지적, 정의적, 심미적 능력 개발을 위한 학급 활동인 학급경영은 담임교사의 자율성이 강조되는 한편 학생들의 자발성을 유도하는 다양한 방법을 통해 효과가 극대화되도록 계획해야 한다.

학급경영은 학교의 교육과정에 따른 행사와 조화를 이루면서 동시에 담임교사의 학급경영 철학이 스며들어 있어야 한다. 또 학생들의 발달 단계와 주변 여건을 고려한 실제 활동을 중심으로 이루어져야 한다.

3) 함께하는 학급경영

(1) 학년 교육과정에서 이루어져야 하는 전반적인 내용을 검토하여 학생 활동 중심 내용이 되도록, 그리고 학년 발달 정도에 적합하도록 학급경영 내용을 구체화하여 재구성한다.

(2) 필요할 경우 정해진 공통 과제를 중심으로 활동 내용을 수정할 수 있다.

(3) 연간 학급경영의 재구성 과정은 다음과 같다.

연간 교육과정 개괄적 요목 정리 → 학기별 교사 및 학생 활동 → 월별 교사 및 학

생 활동 → 주별(일별) 교사 및 학생 활동

4) 나만의 학급경영

(1) 학교 교육과정에 따른 행사와 학년 교육과정에 따른 공통과제를 제외한 학급경영
   은 모두 담임교사의 영역이다.

(2) 담임교사만의 주제로 이야기를 만들어 가는 학급경영 계획을 수립할 수 있다.

(3) 월별 학급경영 계획을 세운다. (이 책 53~56쪽 월별 학급경영 계획 예시 참고)

3. 학기 말 학급경영 디자인하기

학기 말은 그동안의 교육 활동을 마무리하는 시기로, 한 학기 동안 함께 지낸 친구들과 선생님에 대한 고마움을 표시하고 자신의 생활을 객관적으로 살펴보는 시간을 가질 수 있는 학급경영 디자인이 필요하다. 학기 말 활동으로는 봉사활동, 방학 생활 안내, 방학 중 안전사고, 각종 사고의 응급처치 안내, 방학 생활 점검 등이 있다.

한 학기를 마무리하며 긴 방학을 준비한다. 방학이 가까워지면 학생들은 방학에 대한 기대로 들뜨고 학부모들은 자녀의 방학 생활 지도 계획을 세운다.

(1) 학기 말은 규칙적인 생활에서 벗어나 마음껏 뛰놀 수 있고 살아 있는 경험을 할 수
   있는 방학에 대한 기대감이 커지는 시기다. 그러므로 교사들은 다양한 체험 활동
   을 통해 바른 인성을 함양하고 창의적인 사고를 할 수 있는 방학 생활이 이루어지
   도록 지도해야 한다.

(2) 겨울 방학 계획을 세심하게 세우는 것도 멋진 마무리를 위한 중요한 준비다.

(3) 그동안 모아 둔 학생들의 작품, 일기, 각종 행사 때 쓴 글, 재미있는 숙제 등을 모
   아 학급문집으로 만든다면 아름다운 마무리를 준비할 수 있다. 다만 이를 위해 다
   시 글을 쓰게 하는 등의 부담을 주는 것은 좋지 않다.

(4) 교사에게 방학은 다음 학기에 아이들에게 나누어 줄 것을 새롭게 채우는 시간이
   다. 교사 자신과 아이들을 의무감에 가두지 않고 자연스럽게 비움과 채움이 이루

어지는 방학을 만들어야 한다.

(5) 학기 말 학급경영 중점사항은 다음과 같다.

- 학급 교육 활동 정리 및 평가
  - 학습 활동 및 평가 결과 정리
  - 학생생활기록부 기록하기
  - 학급 활동 정리, 학급문집 만들기
- 방학 생활 지도
  - 맞춤형 방학 계획 세우기
  - 방학 중 학생 생활 지도
  - 개학 후 반성과 과제물 점검
- 성찰을 통한 마무리
  - 타임캡슐 확인하기, 피드백 받기
  - 감사의 마음 전하기, 편지 쓰기

월별 학급경영 디자인하기

3월은 새로운 학년을 시작하는 달이므로, 아이들이 즐거운 마음으로 학교에 와야 한다. 학급 질서를 확립하고 아이들을 파악한다. 교실 환경 구성에 힘쓴다. 4월은 여러 가지 활동으로 아이들을 세밀하게 파악하는 한편, 아이들끼리 서로를 알 수 있는 계기를 만들어 가까워질 수 있도록 유도한다. 그리고 특별한 날에는 그에 맞는 행사를 준비한다.

5월은 어버이날, 스승의 날이 있으므로 여러 가지 행사를 준비해서 감사의 마음을 전할 수 있도록 한다. 6월은 통일교육, 나라사랑과 관련된 자료를 제시하여 통일과 국가에 대하여 많은 것을 느낄 수 있게 한다. 7월은 기말고사에 최선을 다하고 학급 활동 등 1학기 마무리를 잘하도록 지도한다. 8월은 여름 방학 생활을 점검하고 2학기를 준비한다. 9월은 새로운 시작의 달이다. 여름 방학 동안 느슨해진 몸과 마음을 다시 새롭게 준비한다. 운동회, 추석 관련 활동을 한다. 10월과 11월은 가을과 관련된 활동을 한다. 한글날에는 한글에 대한 소중함을 느끼도록 자료를 준비한다. 날씨가 추워지니 독감 예방에도 힘쓴다. 12월과 1, 2월은 아이들과의 헤어짐을 준비하고 한 학년을 잘 마무리한다.

월별 학급경영 계획 예시

월별 학교 행사	학급 활동	특색 있는 학급 활동 (담임 활동)
2월 새 학기 준비		
	– 담임의 교육철학을 반영한 연간 학급경영 계획(교직관 정립, 학급경영 목표 정하기) – 교실 환경 정비 – 자리 배치 계획 세우기 – 담임 소개 준비	– 학부모에게 보내는 편지 준비 – 우리 반 10계명 만들기 – 학급 온라인 공간 만들기(오픈톡방, 밴드, 패들렛 등)
3월 만남		
– 삼일절 – 입학식 – 시업식 – 진단평가 – 임원 선거 – 학부모 총회 – 상담 주간	– 학급 경영관 소개 – 자리 배치도 작성(모둠 구성) – 학생의 자기소개 글(학생 상담 자료 수집) – 학생 개인 사진 찍기 – 급훈 안내, 학급 규칙 정하기 – 비상연락망 조직(학생, 학부모 연락처 수집) – 1인 1역 및 청소 역할 분담 – 교실 환경 꾸미기 – 학급 임원 선출 – 학부모 총회 준비	– 첫 만남 프로그램 – 1년 후 나에게 쓰는 편지 – 타임캡슐 활동 – 이름 명패 만들기 – 학부모에게 보내는 편지 발송 및 답장 받기 – 학급 행사 정하기 – 각종 친교 활동

4월 자기주도적 학습분위기 조성

– 진로의 날 – 과학의 날 – 장애인의 날 – 현장체험학습 – 중간고사	– 자리 바꾸기 – 학부모 상담 – 월별 학급 행사 – 모둠별 집단 상담 및 개별 면담 – 현장체험학습 준비 – 중간고사 준비 – 학생 교우 관계 파악 – 학교폭력 예방 교육 연계	– 독서 지도 – 플래너, 복습 노트 작성 방법 안내 – 교과별 또래 도우미 활용 시험 대비 – 모둠별 집단 상담 – 오늘의 한 줄 활동 안내

5월 사랑 · 감사

– 가족의 달 – 어린이날 – 교내 체육대회 – 어버이날 – 스승의 날	– 자리 바꾸기 – 월별 학급 행사 – 독서 지도 – 어버이날, 스승의 날 기념 감사 편지 쓰기 – 학생 개별 상담 – 학습 및 진로 상담	– 부모님께 드리는 상장 – 이달의 포토상 시상 – 효도 쿠폰 발송 – 카네이션 만들기 – 스티커 왕 뽑기

6월 나라 사랑

– 나라사랑의 달 – 통일 관련 행사 – 현충일	– 자리 바꾸기 – 월별 학급 행사 – 호국보훈의 달 행사 – 기말고사 준비	– 현충일 계기 교육 – 통일 교육 – 부적응 학생 특별 지도 – 100일 파티

7월 1학기 마무리

– 종업식 – 기말고사 – 제헌절 – 학생부 기록 – 여름 방학 계획	– 자리 바꾸기 – 월별 학급 행사 – 1학기 학급 활동 점검 – 방학 계획 세우기 – 방학 중 비상연락망 조직 – 학급경영 중간평가 – 방학 중 안전생활 지도 – 가정통신문 발송	– 학급 다과회 – 1학기 마무리 파티 – 롤링 페이퍼 쓰기 – 친구가 주는 상장 – 우리 반 10대 뉴스 – 나의 10대 뉴스 – 학급 특색 활동 우수자 시상

8월 쉬며 준비하기		
– 여름 방학 – 광복절	– 개인 봉사 및 체험 활동 – 방학 생활 점검 – 2학기 계획 세우기	– 전화, 면담을 통한 학생 동태 파악 – SNS(오픈톡방, 학급밴드 등)를 통한 학급 이벤트 진행하기

9월 다시 만남		
– 현장체험학습 – 영어듣기평가	– 자리 바꾸기 – 월별 학급 행사 – 1인 1역 조정 – 청소 당번 조정 – 집단 상담 및 개별 상담	– 플래너, 복습 노트 작성에 대한 피드백 – 교과별 또래 도우미 활용 시험 대비 – 모둠별 집단 상담 – 오늘의 한 줄 활동 우수자 시상

10월 한글 사랑		
– 개천절 – 한글날 – 문화의 달 행사 – 중간고사	– 자리 바꾸기 – 월별 학급 행사 – 중간고사 대비 – 한글사랑 우리말 지도 – 독서 및 문화행사	– 한글날 계기 교육 – 정기고사 후 학습 관리 및 학습 상담 – 학교 예술제, 동아리 전시회 행사 준비 및 참여 독려

11월 추수		
– 기말고사 　(3학년) – 대학수학능력시험(고) – 교원평가 학생/학부모 만족도 조사 실시	– 자리 바꾸기 – 월별 학급 행사 – 학기말 시험 준비 – 자기 평가서 작성 – 교원 능력 평가 – 학교 축제 및 전시회 준비	– 매달(분기별, 학기별) 생일 파티 – 마니또 게임 – 예쁜 사진 공모전 – 학급 알뜰장터 열기

12월 끝맺음

- 기말고사 - 겨울 방학 계획 - 학생부기록	- 자리 바꾸기 - 월별 학급 행사 - 겨울 방학 계획 - 학급 마무리 잔치 - 학급문집 만들기 - 청소년 추천도서 안내 - 학생 봉사활동 상황 점검	- 크리스마스 트리 꾸미기 - 크리스마스 카드 만들기 - 연하장 만들기 - 롤링 페이퍼 쓰기 - 친구에게 주는 상 - 예쁜 엽서 만들기 - 학급 달력 만들기

1월 행복한 방학

- 겨울 방학	- 개별 봉사 및 체험 활동 - 방학 생활 점검	- 전화, 면담을 통한 학생 동태 파악 - SNS(오픈톡방, 학급 밴드 등)를 통한 학급 이벤트 진행하기

2월 새로운 시작

- 설날 - 졸업식 - 종업식 - 신입생 예비소집 - 신학년 반 편성 - 교육과정 재구성 워크숍	- 학급 활동 성찰 - 졸업생 축하하기 - 감사의 마음 전하기 - 학급경영 성찰 및 마무리 활동 - 생활통지표 작성 및 발송 - 정보 공유 및 진학 상담 - 차기 년도 계획 수립	- 나만의 통지표 만들기 - 선생님 사용 설명서 작성하기 - 나 사용 설명서 작성하기 - 학급문집 만들기 - 출간 기념회 열기

담임의 상시 업무 점검사항

일일 점검사항

조회	일과 중	종례
· 교실 점검 · 학생 상담 지도 · 독서 활동 지도 · 조기 청소, 학급 활동 지도	· 학생 생활안전 지도 · 외출 · 조퇴 학생 등 지도 · 출석부 정리 · 제반사항 전달 지도 · 급식 지도 및 점심시간 학생 상담	· 청소 지도(실내 정비, 창문 개폐, 커튼 정리, 비품 정리) · 학생 귀가 지도 · 잔류 학생 지도 · 학생 상담 지도

- 학생의 출결 상황 파악 및 생활 태도 지도
- 학생의 복장, 학용품, 소지품 등 보건위생 및 안전생활 지도
- 요보호 학생, 위기 학생 관리

수시 점검사항

- 학생 사안(학교폭력, 안전사고 등) 발생 시 문제 발견 및 해결안 모색
  - 1차 책임자로서 사전 예방교육 및 사안 발생 시 보고 · 처리 등
- 상담을 통한 인성, 학업 및 진로 지도
  - 인성 지도(올바른 가치관 정립, 사회성 · 성격 발달 조력 등)
  - 학업문제 상담(자존감 · 자신감 상실, 우울, 의욕상실 등)
  - 진로 상담(학생과 학부모의 진로 희망 관련 사항 등)
  - 학부모 상담(학교 방문 상담, 가정 방문, 전화 상담)
- 학교생활기록부 및 보조기록부 관리
  - 인적사항, 학적사항, 출결사항, 수상경력, 진로희망 상황, 창의적 체험활동 상황, 교과학습발달 상황, 행동특성 및 종합의견

기타 점검사항

- 교직원 간 인화 단결 및 업무 협조
- 지역사회, 교육 관련 기관과의 유대 형성
- 학부모와의 바람직한 관계 형성 및 교사의 품위 유지

고쌤의 남다른 학급경영 노하우

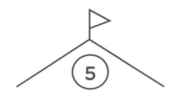

학생들과 만나는 첫날이 가장 중요하다

처음 만나는 날 학생들을 어떻게 맞이하느냐에 따라 1년의 학교생활이 결정된다고 해도 과언이 아니다. 선생님이 우리를 위해 준비를 많이 하고 우리를 존중하는 사람이라는 인상을 주어 학생들의 신뢰를 얻는 것이 중요하다.

　나는 개학 첫날 매일 해야 할 규칙들을 설명하고 성장 일기용 노트를 배부한다. 담임교사에 대한 학부모의 믿음을 얻을 수 있도록 학부모에게 보내는 편지를 배부하여 교사의 철학을 전한다. 배움 일기용 노트(복습 노트)도 학급비로 구입해 계속 제공한다. 첫날 예쁜 노트를 선물 받은 경험이 담임인 나를 좋아하는 계기였다는 학생도 있었다. 우리 선생님은 특별하고 남다르다는 인상을 나만의 방식으로 심어 주는 것이 중요하다. 어찌 보면 교사는 기업가이다. 자신이 한 기업의 경영자라 생각하고 기업가 정신으로 학급을 경영해야 한다.

우리 반만의 특별한 활동을 실행하라

　학기 초에 우리 선생님은 남다르다는 인상을 주는 것과 병행하여 학생들이 우리 반은 특별하다는 생각을 가질 수 있도록 분위기를 조성하는 것이 필요하다. 우리 반만의 특별 활동으로 추천할 만한 것에는 학급문집 만들기, 100일 파티, 생일 파티, 모둠 일기 쓰기, 성장 일기 쓰기, 홀짝 일기 쓰기 등이 있다.

나는 학급문집을 만들기도 했고 생일 파티를 열기도 했다. 생일 파티 때는 생일을 맞은 학생에게 어울릴 만한 책을 사서 엽서에 메시지를 적어 주거나 반 아이들이 적은 롤링 페이퍼를 주어 축하해 주기도 했다.

친절함과 단호함을 병행하라

학급 규칙은 학생들에게 지속적으로 안내하고 일관성 있게 지도해야 한다. 그때그때 상황에 따라, 기분에 따라 다르게 지도하다 보면 학생들의 신뢰를 잃게 되고, 교사의 학생 지도가 힘들어진다. 학생들의 어려움을 마음으로 이해해 주고 받아 주되 지켜야 할 원칙은 반드시 지켜야 한다는 사실을 명확히 해야 한다. 담임교사는 학생들의 학교생활에 있어 중심이자 판단 기준이 되어야 한다.

담임교사가 포기하지 않으면 학생들도 포기하지 않는다. 학기 초 우리 반 10계명이나 우리 반이 꼭 지켜야 할 규칙 등을 학급회의를 통해 학생들과 함께 협의하여 만드는 것도 좋은 방법이다.

학생들을 치밀하게 관찰하라

교사에게 가장 중요한 역량은 학생들이 스스로 공부하도록 만드는 것이다. 그러므로 학생 개개인을 면밀히 관찰하여 특성과 개성을 파악하고 지금 어떤 자극이 필요한지 끊임없이 살펴야 한다. 즉 교사는 학생 개개인이 꽃을 제대로 피울 수 있도록 도움을 주어야 한다는 말이다. 다만 언제 꽃을 피우게 될지 그 시기는 모두 다르므로, 교사는 학생이 적절한 시기에 꽃을 피울 수 있도록 계기를 마련해 줘야 한다. 세심한 관찰과 관심 표현은 학생과의 라포 형성의 시작이다.

때로는 학생들의 변화를 알아차리고 말을 건네는 것도 필요하다. 덕분에 '오, 우리 선생님이 나한테 관심이 있구나'라고 느끼는 순간 학생들도 교사에게 마음을 열게 된다.

항상 긍정하고 웃어라

긍정적인 말을 하고 자주 크게 웃어야 한다. 현실의 문제를 남의 탓으로 돌리지 말자. 변화의 시작은 자신에게서 비롯된다는 사실을 잊지 말자.

나는 학생들에게 좋은 기운을 전달하고 스스로도 긍정의 기운을 얻기 위해 학생들에게 선생님이 교실에 들어서는 순간 박수를 치라고 한다. 선생님은 예쁘다는 말도 좋아하지만 어려 보인다는 말을 더 좋아한다는 정보를 개학 첫날부터 흘린다. 그래서인지 학생들은 내가 옷을 좀 색다르게 입거나 헤어스타일이 바뀌면 어려 보인다는 말을 자주 해 준다. 그럼 자연스레 입꼬리가 올라가고 웃게 된다. 웃으면 예쁘다는 말을 듣고, 예쁘다는 말을 들으면 또 웃게 된다. 억지로라도 웃으면 실제로 웃을 일이 생긴다는 말도 있지 않은가. 학생들을 대하는 긍정적인 마음가짐이 가장 중요하다.

동료들과 함께하라

온오프라인의 교사 커뮤니티를 통해 나의 신념을 지지해 줄 동료들을 만드는 것이 중요하다. 혼자 하다 보면 지칠 수도 있고, 나만 힘들다는 생각에 쉽게 좌절할 수도 있다. 이때 나의 상황을 공감해 줄 수 있는 친구가 꼭 필요하다.

내가 교사 커뮤니티에 참여하고 때로 운영까지 하는 이유가 바로 이 '함께하기의 힘'을 알기 때문이다. 동료 교사와의 만남 그 자체가 좋기도 하지만, 그 만남을 통해 내가 성장하고 발전하기 때문이다. 또 내가 교사 커뮤니티를 통해 다른 사람에게 좋은 영향을 끼친다는 걸 깨닫게 되면서 자존감이 높아지는 경험도 여러 차례 했다.

'전문적 학습공동체'라고 불리는 다양한 교사 커뮤니티를 통해 많은 교사들이 전문성을 신장하고 있다. 교사는 배우고 성장하는 존재다. 지금은 교사 전문성을 혼자서 키우는 시대가 아니다. 협력적으로 배우고 탐구하고 실천하면서 전문성을 함께 키우는 시대다.

온오프라인 커뮤니티 안에서 서로의 비전을 공유하고 어떤 교사가 되고 싶은지에 대해 이야기하면서 교사로서의 정체성을 찾을 수 있다. 또 함께 공부한 내용을 각자 실천해 보고 그 경험을 공유하고 성찰하면서 지속적인 성장을 이어나갈 수 있다. 이런 교사 커뮤니티 활동에서 무엇보다 중요한 것은 자발성이다. 마음이 끌리는 커뮤니티를 찾아 참여해 보자.

〈1장 참고 자료〉

1. 「가르침과 배움의 이중주 – 신규교사 학급경영 길라잡이」, 부산광역시교육청, 2017
2. 「가르치는 기쁨 배우는 즐거움이 가득한 행복교실 만들기 – 중/고등학교 담임교사 업무 매뉴얼」, 대구광역시교육청, 2021
3. 최선경, 『긍정의 힘으로 교직을 디자인하라』, 프로방스, 2019
4. 초등참사랑(chocham.com)
5. 노상원(울산 성안중 수석교사), 「학급경영의 이론과 실제」, 『한국교육신문』, 2015년 4월 2일자

중학생이 후배에게 들려주는 중학교 생활을 위한 조언

―김아윤―

학교에 어느 정도 적응했다는 1~2학년 재학생들에게도 중학교 생활은 늘 어렵습니다. 그러니 초등학교 졸업을 앞둔 6학년 학생들이 중학교 생활을 걱정하는 것은 어쩌면 당연한 일입니다. 모든 생활이 그렇듯 중학교 생활도 매일 다른 문제가 튀어나와 심적 부담을 느끼게 하죠. 하지만 아무리 어려운 문제라도 푸는 방식이 존재하듯, 적절한 방법을 알게 된다면 중학교 생활 역시 슬기롭고 알차게 해낼 수 있을 것입니다. 후배 여러분의 중학교 생활이 저보다 더 아름다웠으면 하는 마음에 부족하지만 몇 가지 팁을 공유하려고 합니다.

입학 전 준비

중학교 공부는 어렵지 않을까, 학교생활은 잘할 수 있을까 하는 걱정이 많을 겁니다. 하지만 여러분이 생각하고 걱정하는 것만큼 어렵지는 않아요. 중학교 학습 내용이 초등학교에 비해 더 많고 어려운 것이 사실이지만 중학교 교육과정은 여러분이 밟아왔던 초등학교 과정의 연장입니다. 그 흐름을 갑자기 벗어나지는 않아요. 특히 국어, 사회, 역사는 같은 개념과 내용이 나오는 경우가 많습니다. 또 과학, 수학은 새로운 개념을 이해하고 활용하는 과정에 초등학교 때 배운 내용이 많이 사용됩니다. 그래서 지금 더 깊은 이해와 다른 과목 공부를 위한 시간 확보를 목적으로 선행을 고민하고 있다면, 또 선행의 효과를 더 크게 하기 위해서라도 이제까지 배운 것들을 복습하는 것이 좋겠습니다. 저는 수학 1학기, 영어 단어 외우기 외에는 선행을 하지 않았지만 입학 전 4주 동안 열심히 복습을 한 덕분에 뒤처지지 않을 수 있었다고 믿습니다.

이제 초등 과정 복습과 중학 과정 선행에 관한 팁을 정리합니다.

1. 중학교 과정 선행도 물론 중요하지만 일단은 초등학교 과정을 확실히 하는 데 초점을 맞춰 주세요!

2. 초등 과정 복습은 입학 후 바로 실시하는 진단고사에서 전 과목 만점을 받겠다는 당찬 포부를 가지고 6학년 과정 국어, 수학, 사회, 과학, 영어 5권의 교과서를 꼼꼼히 읽고 말로 설명해 보세요! 저는 4주 동안 5권의 교과서를 각각 5번 정독하고, 소리 내어 설명하면서 2번 더 읽었어요.

3. 선행을 고민 중이라면 수학은 1학년 1학기~2학기 정도까지, 영어는 중학교 1학년~고등학교 1학년 단어 암기와 매일 지문 독해를 하면 좋을 것 같아요.

4. 영어 듣기는 중학교 1학년 과정부터 매일 하다 보면 잘 들리는 순간이 와서 단계별로 가지 않고 더 높은 수준의 듣기도 할 수 있게 될 거예요!

5. 중학교 입학 전 방학이나 입학 후 1년(자유학년제)은 비교적 시간이 많은 시기이니 책을 조금이라도 읽으세요! 독서량의 차이가 당장은 큰 영향이 없는 듯 보이지만 학년이 올라갈수록 배경지식이나 독해력 면에서 큰 차이로 나타나요.

6. 학습 플래너를 작성하면서 공부하는 연습을 해 보세요! 초등학교에서 시험을 치지 않다가 자유학년제까지 거치면서 시험을 어떻게 준비해야 할지 감을 못 잡는 경우가 생겨요. 그래서 짧은 시간이라도 집중하며 앉아 있는 연습을 하면 좋을 것 같아요.

7. 서술형 평가가 확대되고 있어서 자신의 생각을 정리해서 글로 표현하는 것을 연습해야 합니다. 서술형 시험은 내용 못지않게 필체도 중요해요. 정해진 시간 내에 바른 글씨로 쓸 수 있도록 글씨 연습도 해 보세요!

8. 학교마다 다르지만 제가 다니는 학교는 자유학년제 기간 동안 PPT 활용 발표가 많았어요. PPT를 만드는 간단한 과정을 알고 있으면 큰 도움이 돼요. 그리고 앱을 통해 영상을 제작하는 과제도 가끔 있기 때문에 짧은 영상이라도 만들어 보면 좋겠어요.

9. 자신의 이메일 주소를 만드세요! 모둠 과제 수행이나 과제 제출 시에 자주 사용하기 때문에 꼭 필요합니다. 그리고 구글, 네이버 둘 다 만드는 것이 좋을 것 같아요.

중학교 생활

★1학년

중간고사, 기말고사에 대한 부담은 없지만 그만큼 다른 평가들이 채워져 있어서 1학년 생활도 여유롭지는 않아요. 그래도 시험과 수행평가가 있는 2, 3학년보다는 시간이 많은 편이기 때문에 다양한 경험을 했으면 좋겠습니다.

저는 엑스코(대구)에서 열렸던 진학 박람회, 고등학교별 입학 설명회, 대입 입학 사정관의 강연 등 많은 곳을 다니며 진학 정보를 얻었습니다. 그리고 서울대 견학, 진로 네비게이션 수업 등 진로 관련 활동에 많이 참여했습니다. 사실 학교 설명회, 진로 박람회는 1학년이 참석하는 경우가 별로 없어요. 하지만 저는 3학년 때 정보를 접하는 것이 늦다고 생각해서 정보를 미리 접하려고 했는데, 그것이 동기부여, 진로 설계 면에서 큰 도움이 되었다고 생각합니다. 1학년 생활을 위한 팁을 정리합니다.

1. 최대한 많은 경험을 해 보세요! 특히 진로, 진학과 관련하여 교육청, 시군구청에서 실시하는 활동에 참여하는 것을 추천해요.

2. 1학년 과정에 대한 시험을 치지 않기 때문에 내용을 놓치는 경우가 많은데, 학년이 올라가면 그 내용을 다시 짚을 기회는 적어요. 2, 3학년 학습 내용은 1학년 학습 내용을 바탕으로 하므로 1학년 과정도 최선을 다해 공부하세요!

3. 매일 공부하는 습관을 들이세요. 1학년 때 보이지 않는 곳에서 열심히 하는 친구들은 적절한 시기에 치고 나갈 수 있더라고요.

★2학년

2학년 첫 시험을 준비하면서 어떻게 해야 할지 갈피를 잡지 못해 당황했던 기억이 납니다. 그리고 시험 몇 주 전에 몰려 있는 수행평가 때문에 고민하다가 '시험이 더 중요한데 수행평가 준비를 조금 미룰까?' 하며 수행평가를 2순위로 미루곤 했습니다. 하지만 3학년이 되어 성적을 받아본 후 수행평가의 중요성을 크게 느꼈어요. 물론 중간고사, 기말고사가 차지하는 비중이 더 크지만 수행평가도 30퍼센트의 큰 비중을 차지합니다. 그래서 남녀 학생 사이에 성적 차이가 거의 없는 경우 수행평가 때문에 최종적으로는 여학생들이 더 높은 성적을 받는 경우를 종종 봤습니다. 남학생의 경우 특히 수행평가를 꼭 챙기라고 말하고 싶어요. 2학년 생활을 위한 팁을 정리합니다.

1. 수행평가에서도 좋은 점수를 받을 수 있도록 노력하세요! 수행평가가 중간고사와 같은 비중을 차지하는 경우도 있기 때문에 중간고사, 기말고사에만 집중하는 것은 위험해요.

2. 수업 시간에 최선을 다하세요! 선생님이 생활기록부 평가를 하기 때문에 선생님과의 관계가 여기에 큰 영향을 미친다고 생각해요. 최선을 다하는 모습을 보여 드린다면 학교생활도 더 수월하게 할 수 있고 더 좋은 평가를 받을 수 있어요!

★3학년

3학년은 내신의 60퍼센트를 차지하는 중요한 시기입니다. 그래서 2학년 생활의 결과를 뒤바꿀 수 있는 마지막 기회라고 할 수 있어요.

근소한 차이로 결과가 달라질 수 있기 때문에 수행평가에 좀 더 신경을 쓰는 게 좋습니다. 특히 음악, 미술, 체육 과목은 실제로 많은 학생들이 A를 받기 때문에 그 과목들은 '기본적으로 당연히 A를 받아야 한다'는 생각으로 평가에 임해야 합니다. 되도록이면 만점을 목표로 두면 좋습니다. 또 학급 반장이나 부반장으로 생활하는 게 큰 도움이 됩니다. 학급 반장이나 부반장으로 얻을 수 있는 점수가 꽤 크니까 용기 내서 도전해 보세요.

3학년 1학기 전체 평가에서 중간고사, 기말고사가 차지하는 비중이 가장 큼에도 선생님들은 수행평가나 생활기록부 평가 등 부수적인 부분을 강조합니다. 왜 그럴까요? 여러분이 공부하는 동안 다른 친구들도 열심히 공부합니다. 따라서 그 친구들이 놓치는 부분을 잡는 게 여러분에게 도움이 될 것이기 때문입니다.

그래도 역시 가장 중요한 건 중간고사, 기말고사에서 좋은 점수를 받는 거예요. 제가 말하는 '좋은 점수를 받는 것'은 이전 시험보다 100점의 개수를 늘리는 겁니다. 학교마다 학력 수준도, 시험 난이도도 많이 차이나지만 그래도 중학교에서는 목표를 높게 잡아 그 목표를 성취하면서 성공하는 경험을 쌓을 수 있습니다. 3학년 생활은 누가 끝까지 마음을 놓지 않느냐의 싸움입니다. 교만하지 말고, 붕 뜨지 말고, 쉽게 포기하지 말고, 끝까지 열심히 했으면 좋겠습니다.

저는 '처음'보다 '끝'이 항상 어려웠습니다. 분위기에 휩쓸리지 않고 마음을 잘 다잡으며 2년간 나름의 최선을 다해 왔는데 3학년이 되면서 그 힘이 바닥을 드러낸 것 같습니다. 그래서 3년 중 가장 후회도 많이 되고 생각도 많아지는 한 해가 되었지요. 진짜 실력을 쌓지 못했다는 것, 심적으로 충분히 성숙하지 못했다는 것이 두고두고 후회될 것 같습니다. 여러분은 이 점에 유념하여 저보다는 더 나은, 더 좋은 중학교 3학년을 보냈으면 좋겠습니다. 끝은 또 다른 시작이고, 또 끝을 잘 마무리했다는 좋은 기억은 힘차게 새로운 시작에 나설 동력이 될 테니까요. 여러분의 마지막 한 해가 빛나길 기도합니다!

 김아윤 학생이 제가 평소 학생들에게 하는 이야기를 너무나도 잘 정리해 주었네요. 이 글을 읽고 있자니 내신의 중요성을 그렇게 강조했는데도 말을 듣지 않고 게으름을 피우다가 정작 고등학교 원서 쓸 때가 되어서야 원하는 학교로 진학하지 못해 후회하던 학생, 담임교사가 안내한 대로 복습 노트를 성실하게 작성하여 전교 등수를 1년 만에 100등 이상 올린 학생 등 그동안 졸업시킨 많은 학생들의 얼굴이 떠오릅니다. 두 학생의 차이점은 무엇이었을까요? 바로 실천에 있습니다. 사실 공부하는 방법과 학교에서 어떻게 생활해야 하는지는 우리 모두 너무나도 잘 알고 있습니다. 문제는 누가 꾸준하게 실천하느냐입니다.

선배가 들려주는 이야기를 잘 새겨듣고 모든 학생이 후회 없는 중학교 생활을 이어가기 바랍니다.

특색 있는 학급경영

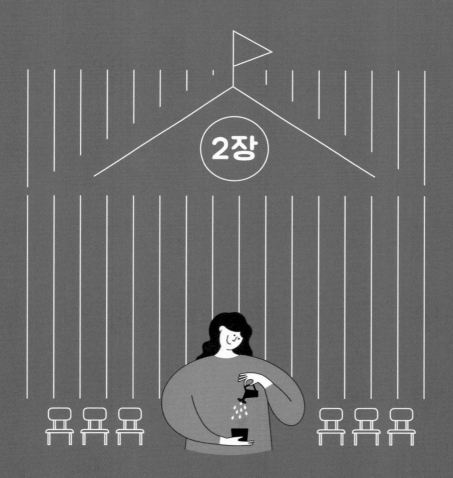

2장

신쌤   이제 학급경영을 어떻게 해야 할지 조금 알 것 같아요. 2월에 미리 준비해야 한다는 것, 교사가 학급경영 철학부터 세워야 한다는 것이 가장 기본이잖아요.

고쌤   맞아요. 저는 2월에 반 아이들의 명렬표를 받아 드는 순간, 만감이 교차하곤 해요. 새 학기를 어떤 아이들과 함께 보내게 될지 기대감과 설렘도 있지만, 심란함도 큰 것이 솔직한 심정이죠. 소문난 말썽꾸러기가 있다면 걱정이 앞서고, 전에 왕따를 당했던 아이 이름이 보이면 안타까움과 불안함이 뒤섞여 심란해지지요. 학부모의 민원이 잦았던 아이가 눈에 띈다면 두려움이 앞서고요. 이제 막 교직 생활을 시작하는 신규 교사라면 아이들과 함께하는 1년 동안 어떠한 난관과 고난이 기다리고 있을지 알 수 없으니 그 두려움이 더 클 거예요.
          담임교사의 역할이 어려운 이유는 1년이라는 긴 시간 동안 수십 명의 학생을 학급 전체는 물론이고 학생 개별 혹은 무리별 특성을 고려하여 다양한 측면에서 지켜보고 지도해야 하기 때문이죠. 또 경제적·정서적 환경을 비롯해 교우 관계, 학습 태도, 생활습관 등 학생과 관련되는 모든 일을 알아야 하는 책임을 짊어져야 하기 때문이고요. 신 선생님도 아시겠지만, 이게 결코 쉬운 일이 아니죠.
          특히 반 아이들과 많은 시간을 함께할 수 없는 중학교 담임교사가 학생들을 온전하게 파악하기란 여간 힘든 일이 아니죠. 그래서 조례 시간과 종례 시간을 활용해 학생들의 특성을 파악하는 것이 중요해요. 다른 교과 선생님들과의 협력도 중요하고요. 학기 초에 학생들 사이의 관계, 교사와 학생의 관계, 교사와 학부모와의 관계를 잘 만들어 놓아야 해요. 이를 통해 교실 내에 공감적 학급 분위기가 형성되면 담임교사 혼자서는 채우기 힘든 많은 구멍을 자연스레 메울 수 있거든요.

신쌤 선생님 말씀을 듣다 보니 학기 초에 공감적 학급 분위기 형성에만 성공해도 정말 좋을 것 같아요. 고 선생님은 이를 위해 아이들과의 첫 만남과 관계 형성에 꽤 공을 들인다고 들었어요. 주로 어떤 준비를 하시나요?

고쌤 아마 선배 교사들에게 아이들을 만나는 첫날 기선제압을 해야 한다는 이야기를 들은 적이 있을 거예요. 맞는 말이에요. 다만 저는 담임의 기선제압은 힘이 아닌 철저한 준비성이라고 생각해요. 철저한 준비와 관심으로 아이들에게 다가갈 때 아이들은 존경의 눈빛으로 선생님을 바라볼 거예요.

　담임의 역할을 거듭하며 알게 된 것은 바로 학급 만들기는 3월 한 달 안에 결정된다는 사실이에요. 미리 철저하게 준비한 계획을 3월 한 달 동안 제대로 실천했다면 이후 학급 활동은 연간 학사일정을 바탕으로 교사의 교육관에 학급 아이들의 의견을 덧입혀 조율하며 운영하면 됩니다. 그러면 교사와 아이들의 색깔에 따라 다양하고 톡톡 튀는 교실 풍경이 그려지게 될 거예요.

　학생들과의 관계 형성에서 꼭 기억해야 할 것은 아이들을 이전의 학교생활과 상관없이 새로운 마음으로 편견 없이 만나리라는 다짐이에요. 아이들에 대한 편견과 선입견을 버리고 아이들과 나와의 관계를 중심으로 모든 상황을 받아들이고, 애정을 가지고 아이들을 대하겠다는 마음가짐을 가져야 한다는 것이죠. 그래야 때때로 흔들리는 마음을 다잡을 수 있을 겁니다.

신쌤 맞아요. 아이들에 대한 편견이나 선입견이 관계를 망가뜨리는 경험을 저도 한 적이 있어요. 이제 학급경영의 구체적인 방법들도 좀 알려 주세요.

고쌤 그럴까요? 학기 초 안정감 있는 교실을 만들고 공동체 의식을 키울 수 있는 다양한 방법들을 우선 소개해 줄게요. 따로 시간을 내지 않더라도 아침 자습 시간에 할 수 있는 활동들이라 따라 하기 어렵지 않을 거예요.

그 전에 한 가지 당부하고 싶은 것이 있어요. 교육철학을 구현하기 위한 학급경영 활동이 아니라 단순히 괜찮아 보이는 활동을 선택해 실천하려 한다면, 오히려 교사가 좌절감을 느끼게 될 수도 있어요. 몸에 맞지 않는 옷을 입었기 때문이지요. 우리 반 학급경영 활동은 평소 교사의 교육철학에 부합해야 하고 그 삶과 가까워야 해요. 이제부터 제시하는 사례들이 신 선생님은 물론이고 학급경영을 고민하는 후배 교사들에게 좋은 예시가 되면 좋겠습니다.

1. 3월 첫 만남 준비

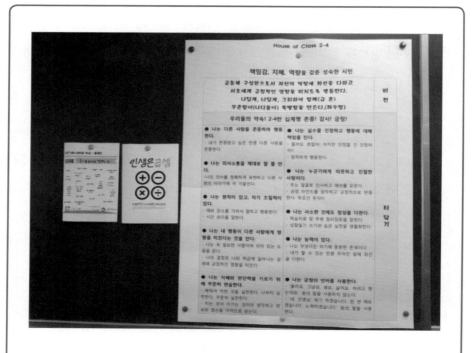

(활동개요)

계기 3월 첫날의 첫 만남이 1년 농사를 결정짓는다고 해도 과언이 아니다. 2월에 미리 준비하면 한 해가 편하다.

추천 이유 학급 아이들에게 우리 반은 특별하다, 우리 선생님은 특별하다는 인상을 주기 위한 활동이다.

★ 준비물 노트, 필기구 노트

:고쌤 팁

교육철학을 먼저 세우고 학급 활동을 준비하면 일관성 있는 학급경영을 할 수 있다.
유의사항 사소한 활동이라도 그 활동에 의미를 부여하고 학생들의 소감을 꼭 듣도록 한다.

1. 활동 방법

1) 2월에 학생들을 만나기 전에 미리 준비한다.

2) 학생들이 첫날 교실에 들어와 방황하지 않도록 책상에 이름표를 만들어 둔다. 삼각 명패를 활용하거나 포스트잇에 이름을 적어 책상에 붙이는 방법을 추천한다.

3) 담임과의 시간에 활용할 노트나 필기류 등을 선물할 계획이라면 첫날 주는 것이 좋다.

4) 우리 반 학급 규칙을 정하기 위한 간단한 파워포인트 자료를 준비한다.

2. 효과

1) 우리 반은 특별하다는 인상을 줄 수 있다.

2) 우리 선생님은 우리를 위한다는 인상을 줄 수 있다.

3) 첫날 정한 학급 규칙을 통해 학급경영의 지속성을 확보할 수 있다.

4) 시작이 반이다. 3월 첫날 첫 만남만 잘해도 반은 성공한 셈이다.

3. 활동 팁

새 학기 첫날, 첫 만남은 다음과 같은 내용으로 이루어진다.

1) 시 나누기

(1) 정현종 시인의 시 〈방문객〉을 낭독한다.

(2) 학생들의 소감을 함께 나눈다.

(3) 우리 모두 교실에서 서로를 환대하자는 선생님의 의도를 전달한다.

2) 학급 규칙 정하기

(1) 선생님이 학생들에게 기대하는 바를 이야기한다.

(2) 첫날 정한 규칙을 1년 동안 지속적으로 실천하기로 약속한다.

3) 첫 만남에 활용하는 파워포인트 슬라이드

선생님이 생각하는 우리 반의 최종 목표
'나답게 너답게 그리하여 함께'
우리 반 구성원 전체가
행복한 잡채를 꿈꾸며~

중학교 3학년이 되기 위한 체력테스트
두둥~~~
1. 양팔을 옆으로 벌리고 오른발을 들고 버티기
2. 왼발 들고 버티기
3. 눈감고 오른발, 왼발 번갈아 해보기
4. 눈 감고 왼발 들기 3분 이상 버텨야 중학생이 될 수 있습니다. 체력을 기릅시다~ㅎㅎ

임시 자리 배정
* 자리는 한 달에 한 번씩 바꿀 예정입니다.
* 얼굴과 이름이 익숙해질 때까지
3월 한 달간 임시 자리 배치를 유지합니다.

경청의 의미

우리반 약속
* 선생님이 들어오실 때 환호성
* 선생님을 부르는 방법
- 예쁜/아름다운/존경하는 최선경 선생님
* 하루를 시작할 때 '오늘의 한 줄'로 시작
- 한 명씩 돌아가면서 작성
* 성장일기, 배움일기(복습노트) 작성하기
* 우리 반 10계명 지키기

학부모 편지 내용 함께 살펴보기

* 부모님 답장 받아오기

안내사항
* 교과서, 노트에 이름쓰기
* 필기도구 준비
* 수저 준비
* 성장일기 매일 작성-성장일기, 파일에 이름표 붙이기, 자신의 개성이 드러나게 꾸미기
* 모든 통신문은 다음 날 바로 수합

오늘의 종례 미션
* 선생님 휴대폰으로
"3-7반 *번 ***입니다. 만나서 반갑습니다." 문자 넣기

자료제공 : 나승빈 선생님 블로그, 참쌤스쿨

4) 학부모에게 보내는 편지 함께 읽기

학부모에게 보내는 편지를 학생들과 함께 읽으며 필요한 부분은 보충 설명을 한다. 편지의 답장을 받아오도록 하면 더욱 좋다. 이 책 76쪽에 있는 학부모에게 보내는 편지 예시를 참고하기 바란다.

4. 활동 사진

책상 위에 놓아 둔 이름을 적은 노트

환영판과 학부모에게 보내는 편지

책상 위에 놓아 둔 삼각명패

칠판에 붙여 둔 우리 반 10계명과 오늘의 한 줄

3월 첫 단체 사진

5. 이 활동을 응용할 Your idea!

존경하는 학부모님께 드리는 편지

안녕하십니까! 저는 3학년 7반 담임을 맡은 교사 최선경입니다. 새 학기를 맞이하여 학부모님들께서 새로운 담임교사에 대해 궁금하실 것으로 생각되어, 이 편지를 통해 저의 학급경영 철학과 중점사항, 학부모님의 도움이 필요한 일에 대해 간단히 말씀드리고자 합니다.

3학년 7반이라는 인연으로 만난 21명의 보물들! 모두 모두 환영합니다!!!

1. 제가 그리는 우리 학급의 최종 모습은 '웃음이 넘치고 서로 존중하고 배려하는 화목한 가족 같은 반'입니다.

2. 바라는 교사상은 '학생들을 믿고 사랑으로 대하는 교사, 친절함과 단호함을 갖춘 교사, 학생들에게 비빌 언덕이 되어 주는 교사, 존경받는 교사'입니다.

3. 바라는 학생상은 '배운 것을 실천하고, 자신을 표현할 줄 알며, 다른 사람을 배려하고 베풀 줄 아는 학생'입니다.

4. 학급경영 중점사항은 우리 학급의 최종 모습을 가능하게 하는 실천방안들입니다.

– 뒷면에 있는 House of Class 3–7을 참고해 주세요. (이 책 92쪽)

– 우리 반의 울타리 가치는 '존중! 감사! 긍정!'입니다.

5. 부모님들의 도움이 필요한 일

– 아이들이 학습할 수 있는 준비 상태를 갖추고 늦지 않게 등교하도록 도와주세요. 8시 20분까지 입실 완료 바랍니다.

– 모든 숙제는 집에서 할 수 있게 지도해 주시고 매일 매일 가정통신문을

꼭 확인해 주세요.

– 아이들이 결석이나 지각을 할 경우 혹은 연락이 꼭 필요한 경우 학교로 꼭 알려 주세요.

– 학교폭력에 대한 처벌이 강력해지고 있습니다. 신체폭력뿐 아니라 ○○톡이나 SNS 등을 통한 언어폭력 및 인신공격 또한 강력하게 처벌하고 있으니 학생들에게 이 점을 잘 알림으로써 불미스러운 일이 발생하지 않도록 지도해 주십시오.

– 학교에서는 매일 성장 일기를 적고, 집에서는 매일 복습 노트를 작성하도록 지도할 예정입니다. 매일의 일상이 모여 한 사람의 일생이 되고, 꾸준함이 모여야 특별함을 이룰 수 있고, 사소한 일에서 성취감을 느껴야 더 큰 일에 도전할 수 있다는 사실을 학생들이 깨달을 수 있도록 가정에서도 지도 부탁드립니다.

– 학교는 삶을 준비하는 곳입니다. 학교 교육은 교사 혼자만의 노력이 아니라 아이들과 학부모님의 노력이 더해져야 완성됩니다. 저는 이런 교육적 관점을 가지고 다양한 활동을 해 나갈 계획입니다. 학부모님들이 저의 교육방침에 동의하시고 도와주신다면 큰 힘이 되겠습니다. 아이에게 좋지 않은 일이 생기고 나서야 찾는 질타의 대상이기보다는 한 해 동안 아이를 가르치는 데 있어 학부모님들의 든든한 지지를 받는 교사이고 싶습니다. 저는 아이들의 학교 적응과 학습에 대해서 학부모님들과 원활한 의사소통을 하고 싶습니다.

1년 동안 함께 있어 행복한 3학년 7반이 될 수 있도록 저를 믿고 지지해 주시기 바랍니다. 저도 최선을 다해 노력하겠습니다. 댁내 넉넉한 웃음이 깃들기를 기원하며 다시 소식 올릴 때까지 안녕히 계십시오.

3학년 7반 담임교사 최 선 경

연락처 : 010-○○○○-○○○○, ○○○) ○○○-○○○○

이메일 : ○○○○@○○○○.com

※ 아이들에 대하여 하고 싶으신 이야기가 있으면 학교로 연락해 주시기 바랍니다.

※ 아래의 '학부모 의견' 란에는 부모님들이 느끼는 아이들의 학습이나 생활상의 고칠 점이라든지, 담임교사가 특별히 알아 두어야 할 사항이라고 생각되시는 점, 그 밖의 의견을 적어 보내 주시면 아이들을 이해하고 지도하는 데 많은 도움이 되겠습니다. 3월 5일(금)까지 꼬~옥 보내 주세요!

2021년 3월 2일

담임교사 최선경 올림

- -

학부모 의견

3학년 7반 ○번 성명 : ○○○

학부모 성명 : ○○○ (사인)

행복한 교사가 행복한 교실을 만든다-중등 학급경영

존경하는 학부모님께 드리는 편지

안녕하십니까! 저는 1학년 6반 담임을 맡은 교사 최선경입니다. 새 학기를 맞이하여 학부모님들께서 새로운 담임교사에 대해 궁금하실 것으로 생각되어, 이 편지를 통해 저의 학급경영 철학과 중점사항, 학부모님들의 도움이 필요한 일에 대해 간단히 말씀드리고자 합니다.

1. 제가 그리는 우리 학급의 최종 모습은 '웃음이 넘치고 서로 존중하고 배려하는 화목한 가족 같은 반'입니다.
2. 바라는 교사상은 '학생들을 믿고 사랑으로 대하는 교사, 단호함과 친절함을 갖춘 교사, 존경받는 교사'입니다.
3. 바라는 학생상은 '배운 것을 실천할 수 있고 자신을 표현할 줄 알며 다른 사람을 배려하고 베풀 줄 아는 학생'입니다.
4. 학급경영 중점사항은 우리 학급의 최종 모습을 가능하게 하는 실천방안들입니다.
– 뒷면에 있는 House of Class를 참고해 주세요. (이 책 92쪽)

우리 교실의 4대 금지어는 '몰라요', '그냥요', '왜요?', '싫어요'입니다. 이것은 이유가 없는 말들, 듣는 사람을 무시하는 말들이므로 사용하지 않습니다. 내가 존중받고 싶으면, 다른 사람을 먼저 존중하는 말로 대합시다.

1. 몰라요.
꼭 필요하다면 "아무리 생각해도 잘 모르겠습니다." 혹은 "좀 더 생각해 보겠습니다."로 바꾸어 사용합니다.

2. 그냥요.
이 말은 아예, 절대 쓰지 맙시다.

3. 왜요?

선생님이 부르면 "네, 선생님!" 하고 대답합니다. 만약 선생님의 요청을 거절해야 할 때는 "왜요?"가 아니라 "제가 이러이러한 이유 때문에 하기 힘들 것 같아요."라고 합니다.

4. 싫어요.

"선생님 이러이러한 이유로 제가 하기 힘들 것 같습니다."로 바꾸어 사용합니다.

자료제공 : 차승민 선생님

5. 부모님들의 도움이 필요한 일들

– 아이들이 학습할 수 있는 준비 상태를 갖추고 늦지 않게 등교하도록 도와주세요. 8시 15분까지 입실 완료 바랍니다.

– 모든 숙제는 집에서 할 수 있게 지도해 주시고 매일 매일 가정통신문을 꼭 확인해 주세요.

– 아이들이 결석이나 지각을 할 경우 혹은 연락이 꼭 필요한 경우 학교로 꼭 알려 주세요. 제가 전화를 받지 않을 때에는 문자를 남겨 주시면 나중에 확인하고 필요한 경우 연락드리겠습니다.

– 학교폭력에 대한 처벌이 강력해지고 있습니다. 신체폭력뿐 아니라 ○○○톡이나 SNS 등을 통한 언어폭력 및 인신공격 또한 강력하게 처벌하고 있으니 학생들에게 이 점을 잘 알림으로써 불미스러운 일이 발생하지 않도록 지도해 주십시오.

– 아침 자습 시간(08:20~08:50)은 독서 시간으로 운영됩니다. 학생들이 독서하는 습관을 가질 수 있도록 가정에서도 연계하여 지도해 주시고 독서 시간에 읽을 수 있는 양질의 책을 준비해 주십시오. 아침 자습 시간을 독서 시간으로 확보하려면 학교나 학원 숙제 등은 집에서 할 수 있도록 가정에서 지도하는 일이 선행되어야 합니다.

– 학교에서는 매일 감사 노트를 적고, 집에서는 매일 복습 노트를 작성하도록 지도할 예정입니다. 매일의 일상이 모여 한 사람의 일생이 되고, 꾸준함이 모여야 특별함을 이룰 수 있고, 사소한 일에서 성취감을 느껴야 더 큰 일에 도전할 수 있음을 학생들이 깨달을 수 있도록 지도 부탁드립니다.

학교는 삶을 준비하는 곳입니다. 입시를 위해 단지 점수를 따려고 배우는 곳이 아니라 학생들이 행복한 인생을 함께 준비해 나가는 곳이 바로 학교라고 생각합니다.

학교 교육은 교사 혼자만의 노력이 아니라 아이들과 학부모님의 노력이 더해져야 완성됩니다. 저는 이런 교육적 관점을 가지고 다양한 활동을 해 나갈 계획입니다. 학부모님들이 저의 교육방침에 동의하시고 도와주신다면 큰 힘이 되겠습니다. 아이에게 좋지 않은 일이 생기고 나서야 찾는 질타의 대상이기보다는 한 해 동안 아이를 가르치는 데 있어 학부모님들의 든든한 지지를 받는 교사이고 싶습니다.

저는 아이들의 학교 적응과 학습 문제에 대해서 학부모님과 원활한 의사소통을 할 수 있기를 희망합니다. 자녀 문제로 상담할 일이 있으면 망설이지 말고 연락을 주십시오. 상담 시간을 정해 이야기 나누도록 하겠습니다.

1년 동안 함께 있어 행복한 1학년 6반이 될 수 있도록 저를 믿고 지지해 주시기 바랍니다. 저도 최선을 다해 노력하겠습니다. 댁내 넉넉한 웃음이 깃들기를 기원하며 다시 소식 올릴 때까지 안녕히 계십시오.

2017년 3월 2일
1학년 6반 담임 최선경 올림

존경하는 학부모님께 보내는 편지

안녕하십니까! 저는 3학년 5반 담임을 맡은 교사 최선경입니다. 새 학기를 맞이하여 학부모님들께서 새로운 담임교사에 대해 궁금하실 것으로 생각되어, 이 편지를 통해 저의 학급경영 철학과 중점사항, 학부모님의 도움이 필요한 일에 대해 간단히 말씀드리고자 합니다.

〈우리 학급의 최종 모습〉

웃음이 넘치고 서로 존중하고 배려하는 화목한 가족 같은 반

〈교사관〉

학생들을 믿고 사랑으로 대하는 교사, 단호함과 친절함을 갖춘 교사, 유능한 교사, 존경받는 교사

〈학생관〉

배운 것을 실천할 수 있고 자신을 표현할 줄 알며 다른 사람을 배려하고 베풀 줄 아는 학생

〈학급경영 중점사항〉

우리 학급의 최종 모습을 가능하게 하는 실천방안들

1. 급훈은 "나답게, 너답게, 그리하여 함께"입니다.

나에 대한 공감, 타인에 대한 공감을 바탕으로 하나 되는 학급을 만들고자 합니다. 모든 것은 나로부터 출발하여 세상과 연결된다는 사실과 나에게 세상을 좋은 방향으로 변화시킬 힘이 있다는 사실을 깨달음으로써 자존감을 상승시키는 교육을 추구합니다. 이로써 소속감과 자존감을 얻을 수 있습니다.

2. 교실, 가정, 학교생활의 3원칙입니다.

– 나를 존중하기 : 나에게 피해 주지 않기

– 남(우리)을 존중하기 : 남(우리)에게 피해 주지 않기

– 마음으로 느낀 것을 몸으로 실천하기

3. 우리들의 약속을 매일 실천합니다.

눈 맞추며 인사하기, 이름 불러 주기, 귀 기울여 듣기, 따뜻하게 말하기, 서로 존중하기, 감사하고 칭찬하기, 바르고 고운 말 쓰기

4. 한 해 동안 이런 활동에 초점을 두겠습니다.

– 독서 활동 : 꿈 노트 및 독서 노트 작성

– 3분 말하기 : 학생들이 학교에서 자유롭게 말할 수 있는 분위기를 조성합니다. 동시에 학생들의 경청하는 태도를 습관화하고 칭찬하기 등 긍정의 피드백 문화를 정착시키기 위해 노력합니다.

– 협력 활동 : 공동체 의식, 팀워크, 리더십 향상을 위한 다양한 활동을 합니다.

5. 학습 효능감과 자존감 회복, 자신에 대한 이해를 바탕으로 어디에서나 주인공으로 살아갈 수 있는 행복한 한 해를 보냅니다.

〈부모님의 도움이 필요한 일들〉

– 아이들이 학습할 수 있는 준비 상태를 갖추고 늦지 않게 등교하도록 도와주세요. 8시 15분까지 입실 완료 바랍니다.

– 모든 숙제는 집에서 할 수 있게 지도해 주시고 매일 매일 가정통신문을

꼭 확인해 주세요.

– 아이들이 결석이나 지각을 할 경우 혹은 연락이 꼭 필요한 경우 학교로 꼭 알려 주세요. 제가 전화를 받지 않을 때에는 문자를 남겨 주시면 나중에 확인하고 필요한 경우 연락드리겠습니다.

교육은 교사 혼자만의 노력이 아니라 아이들과 학부모님들의 노력이 더해져야 완성될 수 있습니다. 저는 무엇보다도 아이들의 교육과 학습 문제에 대해 학부모님들과 원활한 의사소통을 할 수 있기를 바랍니다.

아래 '학부모 의견' 란에 학부모님이 느끼는 아이들의 학습이나 생활상의 고칠 점, 담임교사가 특별히 알아 두어야 할 점, 그리고 아이의 교육에 필요한 의견을 적어 보내 주십시오. 학생들에게 배부한 꿈 노트 첫 장에 학부모님의 의견을 적어 보내 주셔도 됩니다. 아이들을 이해하고 지도하는 데 많은 도움이 될 것입니다.

혹시 자녀의 문제로 상담할 일이 있으시면 언제든지 연락 주십시오.

교무실 : ○○○) ○○○–○○○○

휴대전화 : 010–○○○○–○○○○

이메일 : ○○○○@○○○○.com

1년 동안 함께 있어 행복한 3학년 5반 아이들이 될 수 있도록 노력하겠습니다. 올 한 해 댁내 넉넉한 웃음이 깃들기를 기원하며 다시 소식 올릴 때까지 안녕히 계십시오.

2016년 3월 2일

3학년 5반 담임 최선경 올림

학부모 의견

3학년 5반 ○번 학생 성명 : ○○○

학부모 성명 : ○○○ (사인)

3학년 3반 학급 통신문 (3월 학부모 총회)

안녕하십니까? 3학년 3반 담임 최선경입니다. 오는 금요일 3월 21일 저녁 6시에 열리는 학부모 총회에 많은 참석 부탁드립니다. 부득이 회의 시간을 맞추기 힘드신 부모님은 금요일 저녁 언제든 교무실로 오시면 저와 상담하실 수 있습니다.

저로 하여금 자식 키우는 부모로서, 학생들을 가르치는 교사로서 많은 생각을 하게 해 준 글들을 소개합니다.

〈생각하게 하는 글 1〉

한 어머니가 어린이집 모임에 참석했다. 어린이집 선생님이 그 어머니에게 말했다. "아드님은 산만해서 단 3분도 앉아 있지를 못합니다." 어머니는 집으로 돌아오는 길에 아들에게 말했다.

"선생님이 너를 무척 칭찬하셨어. 의자에 1분도 앉아 있지 못하던 네가 이제는 3분이나 앉아 있다고 칭찬하시더라. 다른 엄마들이 모두 엄마를 부러워했어!" 그날 아들은 먹여 달라는 투정도 않고 밥을 두 공기나 뚝딱 비웠다.

시간이 흘러 아들은 초등학교에 들어갔다. 어머니가 학부모회에 참석했을 때 선생님이 말했다. "아드님 성적이 몹시 안 좋아요. 검사를 받아 보세요!" 그 말을 듣자 어머니는 눈물이 왈칵 쏟아졌다. 하지만 집에 돌아와 아들에게 이렇게 말했다.

"선생님이 너를 믿고 계시더구나. 넌 결코 머리가 나쁜 학생이 아니라고 조금만 더 노력하면 이번에 21등 한 네 짝을 제칠 수 있을 거라고 하시던걸."

어머니 말이 끝나자 어두웠던 아들의 표정이 환하게 밝아졌다. 훨씬 착하고 의젓해진 듯했다.

아들이 중학교를 졸업할 즈음 담임 선생님이 말했다. "아드님 성적으로는 명문고에 들어가는 건 좀 어렵겠습니다." 어머니는 교문 앞에서 기다리던 아들과 함께 집으로 돌아가며 이렇게 말했다.

"담임 선생님께서 너를 무척 자랑스럽게 생각하시고 조금만 더 노력하면 명문고에 들어갈 수 있다고 하셨어." 아들은 끝내 명문고에 들어갔고 뛰어난 성적으로 졸업했다. 그리고 아들은 명문대학 합격 통지서를 받았다.

아들은 대학 입학 허가서를 어머니에게 드리고는 엉엉 울며 "어머니! 제가 똑똑한 아이가 아니란 건 저도 잘 알아요. 어머니의 격려와 사랑이 오늘의 저를 만드셨다는 것도요. 감사합니다, 어머니!"라고 말했다.

위 내용은 교육 일선에 있는 선생님의 말 한마디, 어머니의 말 한마디가 자라는 아이에게 얼마나 큰 영향을 미치는지를 극명하게 보여 주는 소설 같은 일화입니다. 자녀들에게는 엄마 아빠의 따뜻한 말 한마디가 그 어떤 선물보다도 더 값진 선물입니다.

내 아이에 대한 무한 신뢰를 드러내는 따뜻한 말 한마디! 말 한마디 바꾸는 게 매우 어려운 일은 아닐 것입니다. 부모님도 가정에서 사랑하는 자녀에게 무한한 애정과 칭찬을 해 주시기를 부탁드립니다.

〈생각하게 하는 글 2〉

자기 집 앞에 앉아 있던 한 농부에게 지나가던 사람이 물었습니다.

"올해 목화 농사가 어떻습니까?"

"난 모르오. 목화 바구미가 겁이 나서 안 심었거든요."

"그럼 옥수수는 어떻습니까?"

"그것도 잘 모르오. 날씨가 가물 것 같아서 아예 파종조차 하지 않았지요."

농부의 대답에 그 사람은 그만 어리둥절하여 물었습니다.

"그럼 당신은 무얼 심었습니까?"

"아무것도 안 심었습니다. 그래야 이 걱정 저 걱정 안 하고 마음이 편할 테니까요."

이런저런 핑계를 대며 아무것도 심지 않은 농부. 그 농부는 과연 마음이 편할까요? 그 농부는 가을이 되어 집집마다 곡식을 추수하고 목화를 따고 옥수수를 수확하여 창고에 쌓아 두는 걸 보며 무슨 생각을 할까요? 하지만 후회해도 이미 때는 늦었지요. 씨를 뿌릴 때가 있고 거둬들일 때가 있는 법이니까요. 사람도 마찬가지입니다.

지금 우리 아이들은 무엇을 할 때인가요? 당연히 씨를 뿌릴 때입니다. 미래에 곡식을 거둬들이기 위해선 지금 최선을 다해야겠지요. 나중에 후회하지 않도록 지금 이 순간 최선을 다하는 3학년 3반 학생들이 될 수 있도록 가정에서 다시 한번 부모님께서 독려해 주십시오. 특히 고등학교 원서 쓸 때 '내가 좀 더 성적을 올렸으면 좋았을 텐데…'라는 후회를 하지 않도록 학력 신장에 만전을 기할 수 있도록 지도해 주시기 바랍니다.

〈부모님께 드리는 부탁 말씀〉

1. 아이들이 기본적인 학교 생활습관을 형성할 수 있도록 도와주세요.

– 아침 식사 꼭 하기 : 아침을 먹어야 두뇌회전이 잘됩니다.

– 지각, 결석 하지 않기 : 부모님이 반드시 사전에 연락해 주세요.

– 무단결석, 지각, 결과, 조퇴는 입시 점수에도 반영되니 이 점 꼭 유의하시기 바랍니다.

2. 아이들이 사교육보다는 방과 후 수업 및 자기주도학습에 적극 참여할 수 있으면 좋겠습니다. 제가 복습 노트를 나누어 주었습니다. 하루 1~2시간씩 매일매일 그날 학교에서 배운 내용을 집에서 꼭 복습할 수 있도록 지도해 주세요. 부모님께서 가끔 검사해 주시면 더욱 효과가 있을 것입니다. '수업 시간에 집중하고 필기 잘하기', '매일매일 복습하기' 이 2가지만 실천해도 사교육 없이 충분히 성적을 올릴 수 있습니다.

3. 학교에서 배부하는 가정통신문은 매일 가정에서 확인한 후 다음 날 바로 학교에 가져갈 수 있도록 지도해 주세요. 한 명의 학생이라도 가져오지 않으면 학교 전체의 업무 처리가 지연되니 꼭 협조 부탁드립니다.

4. 아침 자습 시간은 양질의 책을 가지고 와서 차분히 독서하는 시간입니다. 이 시간을 위해 가정에서 모든 숙제를 마칠 수 있도록 지도해 주시기를 부탁드립니다.

"한 명의 아이를 키우려면 온 마을이 필요하다."는 인디언 속담이 있습니다. 아이를 키우는 데 많은 이들의 애정 어린 관심과 보살핌, 그리고 노력이 필요하다는 의미겠지요. 오늘날에는 부모님과 함께하는 울타리 안이 가장 중요하고, 그 울타리 너머 학교 역시 가정 못지않게 중요합니다. 아이들이 울타리 안팎에서 각자의 역할을 멋지게 해내고, 다른 누군가에게 행복을 주고 이 사회에 공헌하는 소중한 민주시민으로 성장할 수 있다면 좋겠습니다. 이를 위해 부모님과 제가 함께 노력하는 한 해가 되었으면 합니다!

늘 건강하시고 많이 웃는 나날이기를 바라며….

2014년 3월 18일

3학년 3반 담임교사 최선경 올림

3학년 3반 학급 통신문 (5월 가정의 달)

안녕하십니까? 3학년 3반 담임 최선경입니다. 오는 금요일부터 긴 연휴가 시작됩니다. 이번 연휴가 아이들이 가족의 소중함을 느끼고 그동안 공부하느라 지친 심신을 안정시킬 수 있는 뜻깊은 시간이 되었으면 합니다.

〈부모님께 드리는 부탁 말씀〉

아이들이 기본적인 학교 생활습관을 형성할 수 있도록 도와주세요. 아직 일교차가 심한 쌀쌀한 날씨가 계속되고 있습니다. 감기에 걸린 학생들도 많이 보입니다. 옷을 따뜻하게 입고 다닐 수 있도록 관심 부탁드립니다.

아이들이 사교육보다는 방과 후 수업 및 자기주도학습에 적극 참여할 수 있으면 좋겠습니다. 제가 복습 노트를 나누어 주었습니다. 하루 1~2시간씩 매일매일 그날 학교에서 배운 내용을 집에서 꼭 복습할 수 있도록 지도해 주세요. 부모님께서 가끔 검사해 주시면 더욱 효과가 있을 것입니다. '수업 시간에 집중하고 필기 잘하기', '매일매일 복습하기' 이 2가지만 실천해도 사교육 없이 충분히 성적을 올릴 수 있습니다.

복습 노트는 성적을 올리기 위한 것이기도 하지만 스스로 하루를 돌아보고 자신의 행동을 성찰하는 습관을 기르기 위한 목적이 더 큽니다. 학생들이 정리하는 습관이 몸에 밸 수 있도록 가정에서 보다 많은 관심과 격려를 부탁드립니다.

참고로 3~4월 복습 노트를 성실하게 작성한 학생들을 칭찬합니다. 이 학생들은 제가 주는 간식 쿠폰, 자유석 쿠폰, 학용품 쿠폰, 자장면 쿠폰 등을 획득하였습니다. 짝짝짝! 가정에서도 많이 칭찬해 주세요!

복습 노트 작성 우수자 : ○○○, ○○○, ○○○, ○○○, ○○○

그리고 항상 점심 식사 전 선생님께 "잘 먹겠습니다."라고 인사를 하고 먹는 예의 바른 학생들도 칭찬합니다. 이 학생들은 급식 우선권 쿠폰을 받았습니다.

예의 바른 학생상 : ○○○, ○○○

늘 건강하고 평안하시길 바라며

2014년 5월 2일

3학년 3반 담임 최선경 올림

〈가정의 달 효도 쿠폰〉

아래 쿠폰에 아이들이 실천한 효도 항목을 적고 부모님이 사인 후 보내 주시면 학생에게 맛있는 간식을 제공할 예정입니다. 예를 들어 '10분간 안마, ○○○ 엄마 ○○○ 확인' 이런 식으로 쿠폰에 적어서 보내 주세요. 쿠폰 개수만큼 간식을 제공합니다.

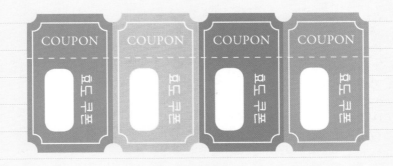

효도 쿠폰

House of Class ( )학년 ( )반

책임감, 지혜, 역량을 갖춘 성숙한 시민	
공동체 구성원으로서 자신의 역할에 최선을 다하고 서로에게 긍정적인 영향을 미치도록 행동한다. 나답게, 너답게, 그리하여 함께(급훈) 꾸준함이(나다움이) 특별함을 만든다.(좌우명)	비 전

우리들의 약속! 십계명 존중! 감사! 긍정!		
1. 나는 다른 사람을 존중하며 행동한다. - 내가 존중받고 싶은 만큼 다른 사람을 존중한다. 2. 나는 의사소통을 제대로 할 줄 안다. - 나의 의사를 정확하게 표현하고 다른 사람의 이야기에 귀 기울인다. 3. 나는 원칙이 있고, 자기 조절력이 있다. - 때와 장소를 가려서 말하고 행동한다. - 시간 관리를 잘한다. 4. 나는 내 행동이 다른 사람에게 영향을 미친다는 것을 안다. - 나는 꼭 필요한 사람이며 의미 있는 도움을 준다. - 나의 결정은 나와 학급에 일어나는 문제에 긍정적인 영향을 미친다. 5. 나는 지혜와 판단력을 기르기 위해 꾸준히 연습한다. - 배워서 익힌 것을 실천한다. 나부터 실천한다. 꾸준히 실천한다. - 지는 것이 이기는 거라 생각하고 양보와 겸손을 미덕으로 삼는다.	6. 나는 실수를 인정하고 행동에 대해 책임을 진다. - 틀려도 괜찮아! 하지만 인정할 건 인정하자!! - 정직하게 행동한다. 7. 나는 누군가에게 따뜻하고 친절한 사람이다. - 웃는 얼굴로 인사하고 예의를 갖춘다. - 긍정 마인드를 장착하고 긍정적으로 반응한다. 무조건 웃자!!! 8. 나는 사소한 것에도 정성을 다한다. - 학습자료 및 주변 정리정돈을 잘한다. - 성찰 일기 쓰기와 습관 실천을 생활화한다. 9. 나는 능력이 있다. - 나는 무엇이든 하기에 충분한 존재이다. - 내가 할 수 있는 만큼 주어진 일에 최선을 다한다. 10. 나는 긍정의 언어를 사용한다. - '몰라요. 그냥요. 왜요. 싫어요. 하려고 했는데요.'등의 말을 사용하지 않는다. - '네, 선생님. 제가 하겠습니다. 한번 해 보겠습니다. 노력하겠습니다.'등의 말을 사용한다.	터 닦 기

※ 학부모에게 보내는 편지(가정통신문)와 House of Class 내용은 학년별, 반별 특성에 맞게 변형하여 사용한다.

2. 오늘의 한 줄

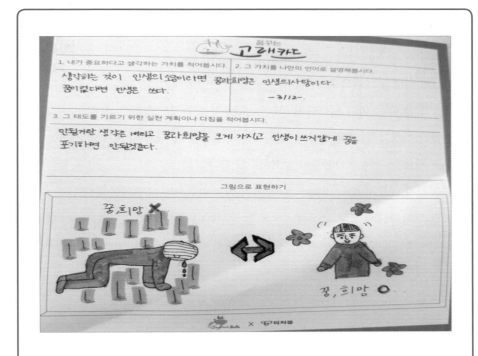

 계기 학생들이 '꿈 너머 꿈'을 생각했으면 하는 바람, 어떤 가치를 품고 살아갈까에 대해 생각했으면 하는 바람에서 만든 활동이다.

추천 이유 매일 작은 습관 실천, 중요한 가치에 대한 성찰, 학생들의 생활습관과 생각의 흐름 파악에 도움이 된다.

★ **준비물** 명언 카드, 고래카드 점착 메모지 또는 필사용 노트

 학생들에게 예시를 보여 주고 수시로 피드백을 한다.
유의사항 학생들과 함께 쓴 내용을 읽으며 공유하는 피드백 시간을 꼭 갖는다.

1. 활동 방법

1) 매일 아침 담당자가 칠판에 '오늘의 한 줄'을 적는다. 날짜별로 담당자 정하기, 요일마다 담당자 정하기 등과 같은 학급 규칙을 정해 담당자를 배정한다.

관련 자료

2) 칠판에 적힌 오늘의 한 줄을 각자의 고래 점착 메모지에 옮겨 적는다.

3) 오늘의 한 줄을 자신만의 언어로 풀어서 설명한다.

4) 자신의 설명을 그림으로 표현한다.

5) 오늘의 한 줄은 미리 검색하여 조사해 오는 것을 원칙으로 하고, 교사는 미리 준비하지 못한 학생들을 위해 예시 자료를 충분히 제공한다. 칠판 옆에 명언 카드를 비치해 두고 필요할 때마다 학생들이 참고하도록 한다.

6) 고래 점착 메모지 대신 각자 노트에 옮겨 쓰고 그림으로 표현해도 좋다.

7) 명언 꾸미기 활동으로 응용할 수 있다. 국문이나 영문으로 문구를 적고, 그 뜻에 어울리는 그림을 그리거나 타이포그래피로 새롭게 나타내거나 그 문구를 선택한 이유 등을 적어 반에 게시한다.

8) 같은 책을 읽고 각자 기억에 남는 문구를 위와 같은 방법으로 정리해 보는 것도 새롭고 좋은 방법이다.

2. 효과

1) 긍정의 문구로 하루를 힘차게 시작할 수 있다.

2) 매일 꾸준히 하는 습관을 기를 수 있다.

3) 고래 점착 메모지를 사용하여 오늘의 한 줄을 진행할 경우, 칠판에 부착한 메모지를 보며 친구들의 다양한 생각을 알 수 있다.

4) 아이들이 쉬는 시간, 점심시간에 오다가다 좋은 글귀를 만나면 인성교육에 도움이 된다.

5) 학생들은 오늘의 한 줄을 적으며 자신이 학급에 기여하고 친구들에게 좋은 영향을 미칠 수 있음을 느끼게 된다. 이를 통해 학생들의 소속감과 자존감을 높일 수 있다.

3. 활동 사진

명언 카드

칠판 옆에 비치한 명언 카드

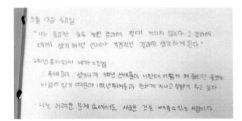

노트에 작성한 오늘의 한 줄

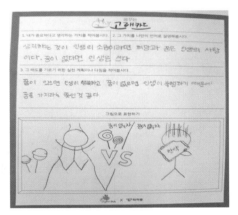

고래 점착 메모지에 작성한 오늘의 한 줄

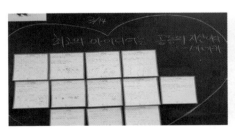
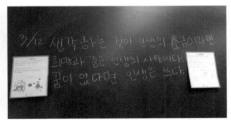

칠판에 게시한 오늘의 한 줄

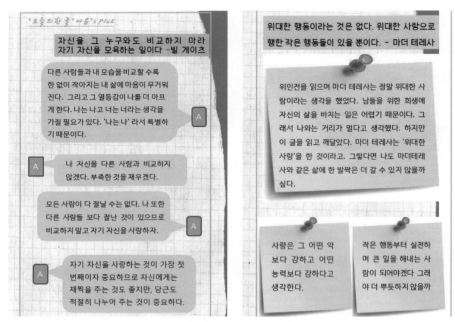

'오늘의 한 줄'에 대한 학생들의 다양한 생각

4. 이 활동을 응용할 Your idea!

5. 교사의 활동 소감

습관 인증 카톡방에서 요일 당번을 정해 좋은 글귀나 명언을 나누는 활동에 참여할
기회가 있었다. 좋은 습관을 만들기 위해 시작한 활동이었는데, 학생들에게도 적용하면
좋겠다는 생각이 들었다. 교사는 늘 자신이 배우고 익힌 것을 수업이나 학급경영에 어
떻게 적용할지 고민하는 존재라서 그런 생각을 했던 것 같다.

3월 첫 주, 우선 내가 뽑은 명언을 칠판에 붙여 두는 것으로 시작했다. 학생들에게 자신의 번호와 같은 날에 선생님이 한 것처럼 명언을 조사해 와서 칠판에 적고 함께 생각하는 활동이라고 안내했다. 살짝 걱정도 되었지만 기우에 불과했다. 아침 자습 시간에 내가 교실에 들어가기도 전에 칠판에 오늘의 한 줄이 적혀 있는 날이면 기분이 그렇게 좋을 수가 없었다. 간혹 명언을 준비해 오지 못한 아이들은 "선생님, 지금 네이버에 검색해 봐도 될까요?"라며 바로 찾아내기도 했고, 미리 준비해 둔 명언 카드에서 골라 칠판에 옮겨 적기도 했다.

교사 연수에서 만난 한 선생님이 손잡이가 달린 작은 종이가방에 손수 만든 명언 카드들을 담아 선물로 준 적이 있었다. 이것을 어떻게 활용하면 좋을까 고민하다가 칠판 옆에 걸어 두고 아이들이 수시로 꺼내 보게 했다. 그렇게 하니 네이버에서 검색해서 오늘의 한 줄을 적는 아이들보다 명언 카드 가방에서 카드를 꺼내 적는 아이들이 더 많아졌다.

아이들에게 전하고 싶은 메시지들을 '오늘의 한 줄'을 활용해 전하면 어떨까? 학생들은 명언에 대해 깊이 생각하여 그 의미를 글과 그림으로 표현하는 이 활동을 통해 생각을 정리하고 마음을 다스리는 경험을 하게 된다. 이로써 생각과 마음이 한층 성장할 수 있을 것이다.

6. 학생의 활동 소감

중학교 시절, 성적을 올리는 것만큼 중요한 것이 자신의 생각을 정리해 글과 말로 표현하는 연습이라고 생각한다. 매일 아침 '오늘의 한 줄'을 적고 그에 대한 생각을 나누다 보니 아이들의 기발한 생각과 표현에 웃음 짓는 경우가 많았다. 학생들이 들려준 이야기를 소개한다.

낭비한 시간에 대한 후회 _강 ○○

나는 오늘의 한 줄에 기록된 명언 중 하나를 뽑아 그것을 주제로 글을 써 보려 한다. 내가 뽑은 오늘의 한 줄은 "낭비한 시간에 대한 후회는 더 큰 낭비이다."다. 내가 이것을 오늘의 한 줄로 뽑은 이유는 이 문장을 보고 나의 경험이 떠올랐고 이 문장의 내용이 마음에 와닿았기 때문이다. 시험 기간 때 공부를 열심히 해야겠다고 마음을 먹었다. 핸드폰을 하고 친구들과 놀다 보니 어느새 시간이 훌쩍 지나가 버려 공부를 하지 못했다. 시간을 낭비하게 된 것이다. 그날 밤 자기 전에 '시험을 망칠 것 같다'고 불안해 하면서 '왜 핸드폰을 했지?'라며 핸드폰으로 낭비한 시간을 후회하며 시간을 보냈다. 결국 시험을 망쳤다.

지금 와서 생각해 보니 내가 너무 어리석었던 것 같다. 이미 지나간 시간은 되돌아 오지 않는데 그 시간을 생각하며 후회하고 한탄하면서 또 시간을 낭비했기 때문이다. 낭비한 시간을 생각하며 후회할 시간에 시험공부를 하며 한 글자라도 더 볼 걸 그랬다는 생각이 들었다.

앞으로 나는 후회할 일을 하지 않고 후회할 일이 생기더라도 이미 지나가 버린 시간에 연연하지 않고 내가 해야 하는 일에 집중하여 시간을 낭비하고 후회하는 어리석은 짓을 하지 않을 것이다.

Love Myself _김 ○○

"내가 나를 위하지 않는다면 누가 나를 위해 줄 것인가? 지금 하지 않으면 언제 할 날이 있겠는가?" – 랍비 힐렐

'Love myself'라는 말이 있듯이 끝까지 나를 아껴 주고 보살펴 주는 건 나 자신밖에 없다. 또한 나의 모든 행동, 말투, 생각은 나 자신만이 통제하고 깨달을 수 있다. 부모님께서 나를 항상 위해 주실 것 같지만, 20세가 되고 30세가 될 때까지 마냥 기댈 수만은 없다. 어느 정도 자립할 나이가 되면 스스로 자립하는 것도 하나의 효일 것 같다. 영어 작문에서 'I'를 문장 어디에 넣든 항상 대문자로 쓰는 이유는 '나'라는 것이 그만큼 중요하다는 것을 나타내는 것인지도 모른다. 또한 'I' 옆에 'You'가 있고, 'I'와 'You'는 'We'가 되듯이 'I'는 어디서든 주축이 되어 중요한 역할을 담당한다. 하지만 우리는 일 또는 학업에 치여 '나' 자신 한 명조차 잘 돌보지 못하는 것 같다. 바쁘고 바쁜 현대 사회에서 '나' 자신을 위해 휴가를 쓰고 잠시 휴식을 취하는 것도 좋은 방법일 것

이다. 그러면 지친 몸과 마음이 조금은 안정을 취할 수 있을 것이다.

그리고 박치성 〈봄이에게〉의 한 구절인 "넌 머지않아 예쁜 꽃이 될 테니까."는 끝마침을 의미하는 것 같다. 꽃봉오리 속이 어떤 모습이더라도 만약 '나' 자신을 위한다면 꽃봉오리가 터지면서 예쁜 꽃이 될 거라는 의미인 것 같다. 혹여나 실패하거나 목표치에 도달하지 못했다고 좌절하지는 않았으면 좋겠다. 지금 그 기회를 놓친다 해도 내 인생이 날라가는 것은 아니기에, 풍선을 불다 터지면 다시 새로운 풍선을 불면 되듯이 포기하지 않았으면 좋겠다. 실패하였을 때 다가오는 허무함과 실망감은 자기 자신이 가장 크게 느끼기에 너무 자책하지도 않았으면 좋겠다. 비록 과제로 쓰는 것이지만 이렇게 '나' 자신에게 좋은 말을 해 주니 글을 쓰고 있는 와중에도 점점 힘이 되는 것 같다. 앞으로는 '나' 자신에게 너무 엄격하지 않았으면 좋겠고, 못해도 되니깐 어떤 일이든지 최선을 다했으면 좋겠다.

3. 고래카드 필사

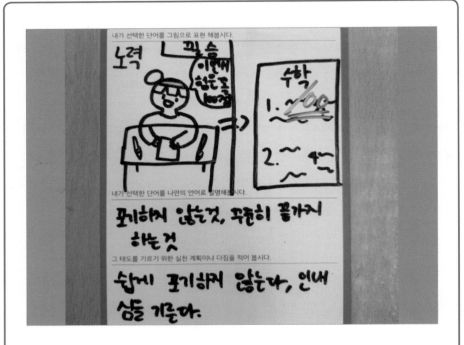

활동개요

계기 학생들이 '꿈 너머 꿈'을 생각했으면 하는 바람, 어떤 가치를 품고 살아갈까에 대해 생각했으면 하는 바람에서 만든 활동이다.

추천 이유 매일 작은 습관 실천, 중요한 가치에 대한 성찰, 학생들의 생활습관과 생각의 흐름 파악에 도움이 된다.

★ **준비물** 꿈꾸는 고래카드 혹은 가치카드, 고래카드 점착 메모지 또는 필사용 노트

:고쌤 팁

학생들에게 예시를 보여 주고 수시로 피드백을 한다.
유의사항 학생들과 함께 쓴 내용을 읽으며 공유하는 피드백 시간을 갖는다.

1. 활동 방법

1) 방법 1

(1) 50개의 고래카드 중 가장 중요하다고 생각하는 카드를 선택한다.

(2) 내가 뽑은 가치를 그림으로 표현하면서 정확한 의미를 생각한다.

(3) 그 가치를 자신만의 언어로 해석하여 적는다.

(4) 어떻게 하면 그 가치를 기를 수 있을지 실천방안을 적는다.

(5) 모둠 또는 반 전체에서 학생들의 의견을 공유한다.

(6) 학생들이 작성한 글을 보고 그것이 어떤 가치를 해석한 것인지 맞춰 본다.

2) 방법 2

(1) 매일 아침 고래카드 한 장을 랜덤으로 뽑아서 읽는다.

(2) 내가 뽑은 가치의 정의를 노트 혹은 고래 점착 메모지에 필사한다.

(3) 내가 뽑은 가치를 자신만의 언어로 다시 설명한다.

(4) 내가 뽑은 가치를 그림으로 표현한다.

(5) 어떻게 하면 그 가치를 기를 수 있을지 실천방안을 적는다.

3) 방법 3

(1) 4개의 고래카드를 고른다.

(2) 그 4개 단어를 넣어 하나의 문장을 만든다.

(3) 엽서에 그 문장을 쓰고 꾸며 본다.

4) 방법 4

　학급에서 모둠 구성 시 같은 가치를 고른 친구들끼리 같은 모둠을 구성할 수 있다. 또한 자리 배치를 정할 때도 각자가 고른 가치를 이용할 수 있다. 학생들이 작성한 글과 그림을 보여 주고 어떤 가치를 나타낸 것인지 맞추는 게임도 할 수 있다.

2. 효과

1) 학생들이 중요한 가치에 대해 생각해 볼 기회를 제공한다.

2) 그림으로 표현하고, 자신의 언어로 설명함으로써 가치의 의미를 내재화한다.

3) 글과 그림으로 자신의 생각을 정리하고 표현하는 능력을 키운다.

4) 긍정 마인드를 기르고 가치관을 정립하는 데 도움이 된다.

5) 매일 아침 긍정 메시지로 하루를 시작함으로써 학생들에게 긍정적인 태도를 길러 줄 수 있다.

6) 매일 아침 필사를 하며 차분하게 하루를 시작할 수 있다.

7) 담임교사가 학생들의 성향과 생각의 흐름을 파악하는 데 도움이 된다.

3. 활동 사진

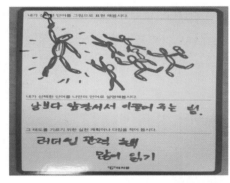 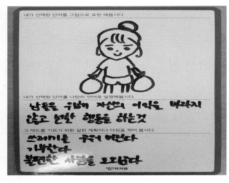

학생들이 작성한 꿈꾸는 고래카드

 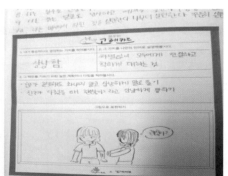

학생들이 작성한 고래 점착 메모지

행복한 교사가 행복한 교실을 만든다 - 중등 학급경영

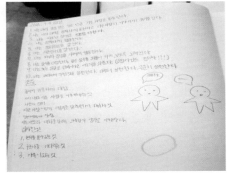

학생들이 고래카드를 선택해 작성한 노트

자신이 뽑은 고래카드의 정의를 필사하는 학생들

4. 이 활동을 응용할 Your idea!

5. 교사의 활동 소감

나는 매일 아침 자습 시간에 실천할 수 있고 학생들에게 조금이나마 의미 있는 활동들을 끊임없이 고민하고 있다. 우리 반 10계명 적기, 가치 필사하기, 감사한 일 3가지 쓰기, 책 읽고 느낀 점 쓰기, 꿈꾸는 고래카드에 있는 가치를 옮겨 적고 실천 다짐 적기 등이 그것이다. 담임교사는 반 학생들과 어떤 활동을 하면 좋을지 일상생활과 수업을 넘나들며 늘 고민한다. 그래서 수업 아이디어가 학급경영 아이디어가 되고 학급경영 아이디어가 수업 아이디어가 되는 경우가 허다하다.

영어 수업 시간에 미덕(virtue)에 관한 영상을 시청한 후 자신이 가장 중요하다고 꼽은 미덕에 대해 생각하고 정리하게 한 적이 있다. 이 활동을 통해 학생들에게 생각할 기회를 주면 좋겠다는 생각이 들었고, 그래서 미덕 카드 만들기 활동을 실행했다. 이 활동은 자신이 가장 중요하다고 생각하는 미덕을 2가지 골라서 나만의 언어로 정의하고 이것을 시각적으로 표현하고 실천을 다짐하는 글을 적는 것이다. 나는 학생들이 작성한 결과물을 보고 아이들의 창의력과 표현력에 자주 감탄했다.

평소 나는 학생들이 '꿈 너머 꿈'을 가지기를 늘 바랐다. '꿈 너머 꿈'이란 단순히 어떤 직업을 가질 것이냐를 넘어서 그 직업을 선택한 이유와 그 직업을 가진 후에 어떤 일을 할 것인지에 대한 생각을 의미한다. 단순히 큰 부자가 되고 싶다가 아니라 왜 부자가 되고 싶은지, 또 그런 부자가 되었을 때 나는 무엇을 하고 싶은지를 생각하는 것이다. 거기다 그 꿈을 이룬 롤 모델을 찾아 그가 꿈을 이룬 과정을 들여다보며 어떤 점을 본받아야 할지도 생각한다면 더욱 좋다. 어떤 가치와 삶의 태도를 롤 모델에게 배우고 싶은지를 고민하고 그를 닮기 위해 노력하는 것, 나아가 내가 롤 모델처럼 되었을 때 다른 사람들에게 어떤 도움을 줄 수 있을지를 생각하는 것까지 학생들의 생각의 지평이 넓어지기를 바란다.

그리고 자신의 존재 가치에 대해 진지하게 고민하고 꿈을 이루기에 이미 충분한 존재라는 것을 깨닫기 바란다. 그런 깨달음을 얻었으면 하는 바람으로 내가 학생들에게 던지는 질문이 있다.

① 나에게 중요한 가치는 무엇일까?

② 나의 롤 모델은 어떤 사람일까?

③ 내가 롤 모델처럼 되기 위해서는 무엇을 어떻게 실천해야 할까?

④ 내가 가진 특성, 장점을 통해서 다른 사람에게 어떤 도움을 줄 수 있을까?

⑤ 내가 롤 모델처럼 되고 나서 다른 사람에게 어떤 도움을 줄 수 있을까?

이 질문들을 그냥 한 번 생각해 보는 데 그치지 말고 매일매일 생각하다 보면 그 깊이가 더 깊어지고 실천으로 연결되지 않을까 생각한다. 나는 이런 변화를 기대하며 매일 아침 고래카드를 뽑아 필사하거나 자신의 언어로 정리한 후 실천 다짐을 적게 하고 있다.

6. 참고 자료

1) 수업 관련 자료

2) 꿈꾸는 고래카드 관련 자료

4. 성장 일기

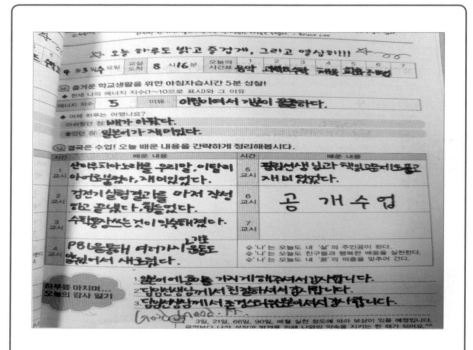

 활동개요

계기 어떻게 아이들이 매일 작은 습관이라도 실천하게 할 수 있을까를 고민하다가 구성했다.

추천 이유 학생들의 생각을 엿볼 수 있다. 학생들에게 하루를 돌아보며 감사하는 습관과 공부하는 습관을 길러 줄 수 있다.

아이디어 제공 : 우승자 선생님

★ **준비물** 성장 일기 책자, 활동지, 노트

 :고쌤 팁

성장 일기 담당 학생을 정해 역할을 부여한다.
유의사항 성장 일기 작성이 지속되기 위해서는 선생님의 꾸준한 피드백이 필수다.

1. 활동 방법

1) 매일 아침 자습 시간에 성장 일기를 펴고 성찰 일기를 작성한다. 그날의 에너지 지수와 이유, 그리고 어제 하루 좋았던 점과 아쉬운 점을 기록한다. 성찰 일기의 목적은 성찰을 통해 일상생활에 의미 부여하기, 반복되는 일상에 감사한 마음 갖기, 매일 아침 작성하는 작은 습관 실천하기이다. 좋은 습관은 좋은 사람을 만든다.

2) 배움 일기를 작성한다. 1교시부터 수업을 마치면 수업 시간에 배운 내용을 간략하게 정리한다.

(1) 배움 일기의 목적

- 수업 직후에 하는 복습이 학습에 가장 효과적이다.
- 수업이 끝나고 잠깐이라도 그 시간에 배운 내용을 떠올려 본다.
- 집에서 그날 수업에 배운 내용을 노트에 정리하며 복습하는 것이 공부 습관을 들이는 데 큰 도움이 된다.

(2) 배움 일기 기록 규칙

- 배운 내용 요약하기 : 마인드 맵, 핵심 키워드, 그림 등을 활용한다.
- 시간표를 그대로 적거나 단원 제목을 그대로 적지 않는다.
- 교과 수업 중에는 기록하지 않는다. 수업 시간에는 수업에 온전히 집중한다.
- 수업 중 자습 또는 독서를 하는 경우에는 자신이 공부한 내용 또는 읽은 책의 내용을 기록한다.
- 배움 일기는 모든 수업이 끝나고 쓰는 것이 아니라 쉬는 시간마다 기록한다.
- 한꺼번에 몰아서 기록하지 않는다.

3) 일과를 마친 후 종례 시간에 그날의 감사 일기를 작성한다.

(1) 감사 일기 기록 규칙

- 무엇이 왜 감사한지를 구체적으로 쓴다. 감사함을 표현할 때는 반드시 '왜냐하면', '덕분에'라는 단어를 사용하여 감사의 이유를 구체적으로 적어야 한다. 그렇게 하면 우리가 느낀 감사의 감정은 훨씬 더 진실해지고 깊어진다.
- '~ 덕분에 감사합니다'와 같이 항상 긍정문으로 쓴다.

- 세상에 당연한 것은 없다는 것을 기억하고 일상의 모든 일에 감사한다. 우리가 처한 상황은 변하지 않고 일어날 일은 일어난다. 하지만 어떤 선택을 하느냐에 따라 그 결과는 달라진다. 그러므로 마음속에 언제나 '긍정을 선택하기'가 자리 잡도록 해야 한다. 그러면 상황을 받아들이기가 쉬워진다.

(2) 감사 일기 팁 1[1]

감사 일기를 적을 때는 4가지 범주로 나누어 생각하는 걸 추천한다. 그렇게 하지 않으면 매일 똑같은 내용만 적게 될 가능성이 크다.

- 소중한 친구들 : 내게 정말 많은 도움을 준 친구, 내가 매우 높이 평가하는 친구를 떠올린다.
- 오늘 내게 주어진 기회 : 친구들 앞에서 발표할 기회, 체험활동에 참여할 기회 등 아주 특별한 기회가 아니어도 괜찮다.
- 어제/오늘 있었던 근사한 일 : 직접 경험했거나 목격한 일을 생각해 본다.
- 눈에 보이는 단순한 사물들 : 창밖으로 흘러 가는 양털구름, 사각사각 쓰고 있는 펜, 잔잔한 음악 소리 등 구체적인 대상으로 눈을 돌려 보자. 무엇이든 문득 새롭게 느껴진 것이면 다 괜찮다.

(3) 감사 일기 팁 2

하루에 감사한 일 3가지를 적는다. 이때는 부모님께 감사한 일, 선생님께 감사한 일, 친구들에게 감사한 일을 적는다. 친구에게 감사한 일을 적을 때는 같은 반 친구들 모두에게 한 번씩은 감사한 점을 찾아낼 수 있으면 좋다.

2. 효과

1) 담임교사가 학생들을 파악하는 데 도움이 된다. 학생의 기분이나 생활을 엿볼 수 있다.

---

1) 팀 페리스, 『타이탄의 도구들』, 토네이도, 2017, 36~37쪽

2) 매일 조금이라도 글을 쓰게 되어 글쓰기 실력이 향상되고, 자신을 돌아보는 시간을 통해 스스로를 성찰하게 된다.

3) 하루를 돌아보고 감사하는 습관을 길러 준다.

4) 공부하는 습관을 길러 준다.

5) 자투리 시간 활용의 소중함을 알게 해 준다.

6) 작은 일이라도 매일 실천하는 것이 중요하다는 것, 그리고 그것이 효과가 있다는 것을 일깨워 준다.

7) 아이들 인성 함양에 효과가 있다.

3. 활동 팁

1) 네이버 블로그 '선경쌤의 선경지명(blog.naver.com/dntjraka75)'에서 '성장 일기'를 검색하면 작성 예시를 볼 수 있다.

2) 성장 일기를 계속 작성하게 하려면 반드시 교사의 피드백이 있어야 한다. 답글을 적어 주는 것이 더 좋긴 하겠지만, 매일 실천하기가 쉽지 않으므로 도장이나 스티커를 활용할 것을 추천한다.

3) 작성 여부를 기록하고 이에 대한 보상을 정해 두면 성장 일기를 쓸 동기가 강해진다. 작성 성공은 동그라미 표시를, 실패는 엑스 표시를 하고 그 이유를 적게 한다.

4) 담당자를 정하여 성장 일기 작성 여부 및 제출 여부를 파악하게 한다.

5) 3일, 21일, 66일, 90일 4개 게이트를 정하여 통과 시 전원에게 작은 선물을 제공하는 보상을 실시한다.

6) 매월 또는 매주 성공률 상위 5명을 발표하여 선물을 증정하는 것도 좋다.

7) 성장 일기 앞표지와 뒤표지는 각자 개성 있게 꾸미도록 한다.

8) 개별 활동지로 작성한 경우 분기별, 학기별 혹은 1년 단위로 묶어 책으로 만든다. 그리고 이를 통해 학생들이 자신의 성장 정도를 눈으로 확인할 수 있게 한다.

9) 처음 시작할 때 이 활동이 왜 필요한지에 대해 충분히 설명한다. 관련 영상을 학생들과 함께 보고 이야기를 나누는 것도 괜찮은 방법이다.

4. 활동 사진

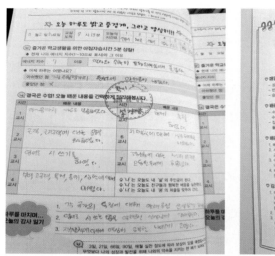
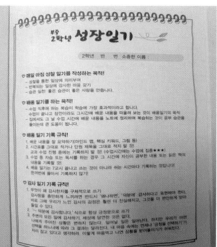

학생들이 작성한 성장 일기와 성장 일기 작성 안내

성장 일기 노트

성장 일기 양식 예시

☺ 오늘 하루도 밝고 즐겁게, 그리고 열심히!

날짜	교실 도착 시간	오늘의 시간표	1	2	3	4	5	6	7

행복한 교사가 행복한 교실을 만든다 - 중등 학급경영

☺ 즐거운 학교생활을 위한 아침 자습 시간 5분 성찰!

♣ 현재 나의 에너지 지수(1~10으로 표시)와 그 이유

에너지 지수		이유	

♣ 어제 하루는 어땠나요?

좋았던 점	
아쉬웠던 점	
하고 싶은 것 (오늘의 다짐)	

☺ 결국은 수업! 오늘 배운 내용 정리

	배운 내용		배운 내용
1 교시		2 교시	
3 교시		4 교시	

3 교 시		7 교 시	
4 교 시			★ '나'는 오늘도 내 '삶'의 주인공이다. ★ '나'는 오늘도 친구들과 행복한 배움을 실천한다. ★ '나'는 오늘도 내 '꿈'의 퍼즐을 맞춰 간다.

☺ 하루를 마치며… 오늘의 감사 일기

1. _____

2. _____

3. _____

3일, 21일, 66일, 90일마다 실천 정도에 따라 보상이 있을 예정입니다. 나의 성장과 발전을 위해 나와의 약속을 지키는 한 해가 되도록 노력합시다.

5. 이 활동을 응용할 Your idea!

_____

_____

_____

_____

6. 교사의 활동 소감

2019년에는 학년부장을 맡으면서 성장 일기를 책자로 만들어 학년 전체 활동으로 실시했다. 먼저 학기 초에 책자를 배부했고 담임교사가 아침 자습 시간을 이용하여 작성 여부를 검사하기로 했다. 매일 아침 학생들의 에너지 지수를 확인하고 성장 일기 피드백을 주면서 학생들과 이런 저런 이야기를 나눌 수 있어 좋았다는 선생님들의 의견을 들을 수 있었다. 일주일이나 한 달 단위로 열심히 작성한 학생들에게 간식을 제공하는 반도 있었다.

그러나 한두 달 시간이 흐르면서 성장 일기 작성이 흐지부지되는 반이 생기기 시작했다. 결국 1년 내내 성장 일기를 작성한 반은 우리 반뿐이었다. 아침 자습 시간에 각종 교육방송 등이 생기면서 성장 일기 검사를 하지 못하게 되었고 그런 날이 하루 이틀 생기자 작성하지 않는 아이들도 생기기 시작했다. 그래서 나는 종례 시간에 성장 일기를 검사했다.

1인 1역 정하기로 성장 일기 작성 여부를 검사하는 아이 2명을 정했다. 아이들은 학급 명렬표를 가지고 누가 작성했는지 안 했는지 체크했고, 나는 종례 시간에 성장 일기를 쓰지 않은 학생들을 독려하여 남아서 쓰게 했다. 그리고 매일 칭찬 도장을 찍어 주었다. 바빠서 검사를 빠뜨린 날도 있지만, 적어도 3~4일에 한 번은 반드시 검사했다. 매일 매일 검사하는 일이 귀찮기도 하고 힘들기도 했지만 한 번 두 번 미루다 보면 계속 못할 것 같아서 억지로라도 열심히 했다.

때로는 학생들이 작성한 감사 일기에 내가 오히려 힘을 얻기도 했다. 담임교사에 대한 감사의 말은 물론이요, 학생의 진솔함이 드러난 문장들을 볼 때면 검사하는 시간이 즐거워지기까지 했다. 잘 작성한 감사 일기는 사진을 찍어 예시로 나의 블로그에 올렸다. 사진을 찍어 블로그에 기록으로 남기는 것이 검사를 계속할 이유가 되기도 했다. 돌이켜보면 사진으로 찍은 것을 블로그에만 올릴 것이 아니라, 반톡 등에 올림으로써 학생들에게 전체 피드백을 줄 수 있었다면 보다 많은 아이들이 양질의 감사 일기를 쓸 수 있지 않았을까 하는 생각이 든다.

매년 실시되는 교원평가에 '왜 우리 반만 성장 일기, 복습 노트 써요. 너무 힘들어요', '성장 일기 제출 때문에 종례가 자꾸 늦어져요. 종례 좀 일찍 끝내 주세요'와 같은 성장 일기에 관한 불만들이 있었던 것도 사실이다. 하지만 나는 굴하지 않았고, 학기 말까지 성장 일기 작성을 계속하였다. 이 활동이 학생들에게 큰 도움이 될 거라는 확신이 있었기 때문이다.

실제로 성장 일기에 대해 투덜대던 아이들도 학기 말 소감문에서는 성장 일기 쓴 것이 큰 도움이 되었다고 이야기한다. 그리고 종업식날 파티 장식을 성장 일기로 할 정도로 학생들에게 이 활동은 학창 시절의 잊지 못할 좋은 기억으로 남은 것 같아 뿌듯했다.

다른 반 선생님들은 우리 반 아이들이 학기 말까지 흐트러지지 않고 매사에 열심히 최선을 다하는 것은 다 성장 일기 덕분인 것 같다고, 다음에는 꼭 성장 일기를 끝까지 활용해 보겠다고 했다.

매일 피드백 주는 것이 쉬운 일은 아니지만 분명 할 만한 가치가 있는 활동이니 선생님들도 꼭 한 번 도전해 보기를 추천한다. 단 중간에 힘들어서 포기하지 않고 꾸준히 할 수 있도록 선생님 각자 스타일에 맞게 적절한 피드백 시스템을 고안하여 적용하기 바란다. 더불어 선생님 자신도 학생들과 함께 성장 일기를 작성하기 바란다. 교사의 성장은 곧 학생의 성장으로 연결된다.

5. 100일 파티

활동개요

계기 우리 반 특색 활동으로 무엇을 하면 좋을까, 학생들과의 만남을 어떻게 기념하면 좋을까 고민하다 특별한 추억을 만들기 위해 구상했다. 3월 2일 개학 후 100일이 되는 6월 9일에 학생들과 100일 파티를 연다.

추천 이유 우리 반만의 특별한 이벤트를 즐길 수 있다. 학생들이 나눔과 배려의 의미를 생각하고 실천할 수 있다. 학교생활에 특별한 의미를 부여할 수 있다.

★ **준비물** 기념품, 활동지, 간식

학기 초부터 D-day를 설정해서 학생들의 참여를 유도한다.
유의사항 자칫 먹고 노는 이벤트가 될 수도 있으니, 반드시 활동의 의미를 학생들과 함께 생각해 보는 시간을 갖는다.

1. 활동 방법

1) 학생들과 100일 파티 계획을 세운다. 100일 파티에서 즐길 활동 아이디어를 몇 가지 준비한다.

2) '시크릿 산타' 활동을 한다. 각자 일정 금액에 해당하는 선물과 편지를 준비해 포장해 온다. 편지에는 그 선물을 준비한 이유와 선물을 받게 될 친구에게 전할 메시지를 적는다. 선물에 랜덤으로 번호를 붙여 전시한 후 학생들은 제비뽑기를 통해 자신이 뽑은 번호에 해당하는 선물을 가져간다.

3) 100일 동안 가장 기억에 남는 추억을 되새기는 활동을 한다. 베스트 혹은 워스트 사건을 뽑거나 선생님 이름으로 3행시 짓기, 감사 편지 쓰기 등의 활동을 할 수 있다.

4) 100일 파티를 마친 후 소감을 나눈다.

2. 효과

1) 특색 활동으로 우리 반은 특별하다는 생각을 학생들에게 심어 주어 단결심을 키운다.

2) 친구에게 줄 선물을 고르고 카드를 쓰면서 타인에 대한 공감과 배려심을 기른다.

3) 친구들과의 특별한 추억을 만든다.

4) 파티 준비 과정과 활동 소감을 나누면서 교사와 학생 간에 상호작용이 일어나 서로 친해지는 계기가 된다.

3. 활동 팁

1) 네이버 블로그 '선경쌤의 선경지명'에서 '100일 파티'를 검색하면 활동 예시를 볼 수 있다.

2) 학기 초부터 D-day를 설정하여 100일 파티에 대한 학생들의 기대감과 참여도를 높인다.

3) 칭찬 스티커, 도장 등을 활용해 학생들이 100일 동안 미션을 수행하면 파티를 하는 등 다른 학급경영 활동과 연계하여 운영할 수 있다.

4) 100일 파티 계획에 학생들도 참여하도록 한다. 학년과 학생들의 수준을 고려하여 상황에 따라 학생들에게 기획과 진행을 맡기는 것도 좋다.

4. 활동 사진

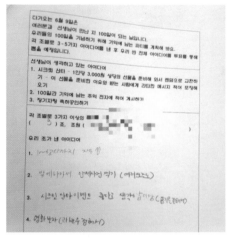

학생들과 세운 파티 계획

파티 준비

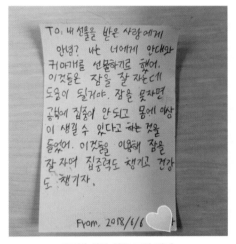

시크릿 산타 선물 교환 편지

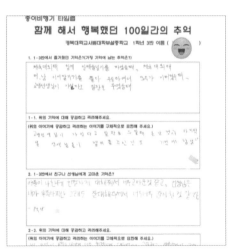

100일 간의 추억 되새기기

100일 파티 단체 사진

함께 나눠 먹은 백일 떡

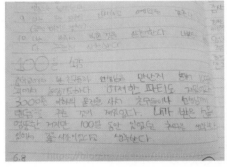

100일 파티 소감

5. 이 활동을 응용할 Your idea!

6. 교사의 활동 소감

우리 반만의 특별한 추억은 학생들의 단결력을 높이는 데 큰 도움이 된다. 꼭 100일 파티가 아니더라도 우리 반 학생들끼리 공유할 수 있는 특별한 이벤트를 마련하기 바란다. 한 학기를 마무리하면서 파티를 하거나 매달 생일 파티를 하는 것도 좋다.

2019년에는 100일 파티는 하는 대신 그 달의 생일 파티는 건너뛰려고 했는데, 학생 2명이 자진해서 생일 파티를 준비해 보겠다고 해서 맡기게 되었다. 간식 등 필요한 것들은 학급비로 제공하였지만, 그날 간식을 준비하고 생일 카드를 작성하는 등의 세부적인 일은 두 학생이 알아서 잘 준비해 주었다.

학기 초에 우리 반 특색 활동을 정할 때 무엇을 하면 좋을지 학생들에게 의견을 물어 진행하거나 선생님이 하고자 하는 활동을 먼저 제시한 후 추가의견을 받는 것도 좋다.

7. 학생의 활동 소감

학생들이 100일 파티를 하고 나서 쓴 소감문을 소개한다. 학생들에게도 이 활동이 분명 의미 있는 시간이었음을 알 수 있었다.

– "중학교에서 반 친구들과 선생님을 만난 지 벌써 100일이 되어서 놀랍기도 하다. 어제 한 파티도 재미있었다. 3,000원 이하의 물건을 사서 친구들과 선생님께 랜덤으로 주는 것이 재밌었다. 내가 받은 선물은 엉뚱한 거였지만 100일 동안 있었던 추억을 생각할 수 있어서 좋은 시간이었다고 생각한다." _ 김○○

– "어제 100일 파티는 정말 재미있었다. 친구들에게 선물도 받으니 정말 기분이 좋았다. 잊지 못할 하루인 것 같아 기분이 좋았다. 100일간의 추억이라는 종이를 함께 쓰면서 사이가 더 좋아진 것 같다. 교생 선생님과의 추억과 체육대회 하면서 응원했던 추억 등등 추억이 많다. 친구들아, 정말 고마워. 선생님, 정말 감사합니다." _ 이○○

– "어제 반 친구들과 선생님을 만난 지 100일 된 기념으로 교실에서 파티를 했다. 선물을 랜덤으로 바꿔 가지는 건 처음이라 어떤 선물을 받을지, 누가 내 선물을 받을지 그리고 '내가 준 선물을 좋아할까?'라는 생각을 하며 설렜다. 한편으로는 엉뚱한 선물이 나올까 봐 선물을 가지고 싸울까 봐, 걱정도 했다. 그런데 의외로 모두 기뻐해서 파티 분위기가 더욱 빛났던 것 같다. 정말 간만에 하는 파티였는데 다들 행복한 표정을 하고 있어서 왠지 보람차기도 했다. 200일 때도 파티를 했으면 좋겠다." _ 한○○

6. 선생님 사용 설명서

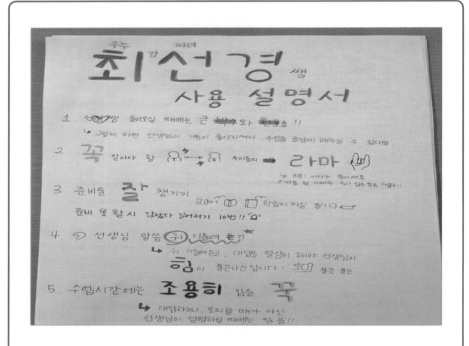

 (활동개요)

계기 평소 학생들이 선생님에 대해 어떤 이미지를 가지고 있고 어떤 생각을 하고 있는지 알기 위해 설문지를 활용하던 것을 '선생님 사용 설명서' 형태로 흥미 있게 접근했다.

추천 이유 평소 선생님을 어떻게 생각하는지 학생들에게 받은 피드백을 통해 자신을 돌아보고 다음 학기, 다음 학년을 준비한다.

아이디어 제공 : 참쌤스쿨

★ **준비물** 활동지, 포스트잇 등

 :고쌤 팁

자유롭게 의견을 제시할 수 있도록 편안한 분위기를 조성한 후 활동한다.
유의사항 자칫 장난스러운 분위기가 될 수도 있으므로 이를 방지하며 잘 이끌어야 한다.

1. 활동 방법

1) 학기 말이나 학년 말 즈음 다음 학기나 다음 학년에 담임교사와 만날 학생들을 위해 '선생님 사용 설명서'를 만드는 활동이라고 이야기한다.

2) 선생님에 대해 이야기해 주고 싶은 것을 그림을 적절하게 섞어 작성하라고 한다.

3) 이전에 다른 학생들이 작성한 것을 예시로 보여 준다.

4) '영어 수업 사용 설명서' 등 다양한 주제로 접근할 수도 있다.

5) 학생들에게 '나 사용 설명서'도 작성할 것을 권한다.

6) 학생들의 '나 사용 설명서'로 교실 게시판을 꾸밀 수 있다.

2. 효과

1) 학생들에게 받은 선생님 사용 설명서를 학급 게시판에 부착하여 반 학생들의 담임교사에 대한 이해도를 높인다.

2) 학생들이 평소 선생님을 어떻게 생각하는지 파악할 수 있다.

3) 교사는 자신을 돌아보고 다음 학기, 다음 학년을 준비할 수 있다.

4) 학생과 교사가 서로를 이해할 수 있는 계기가 된다.

3. 활동 사진

피자 포스트잇을 활용한 선생님 사용 설명서

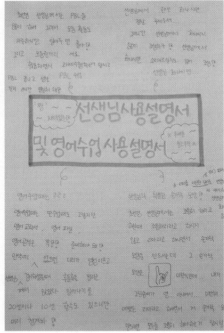

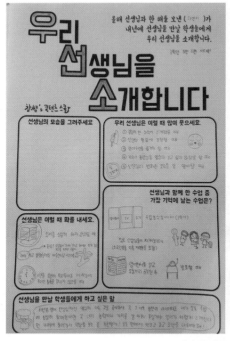

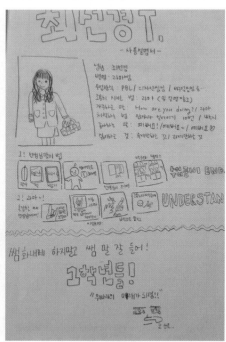

다양한 선생님 사용 설명서

학급 게시판에 게시한 선생님 사용 설명서

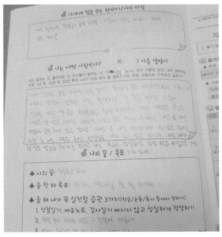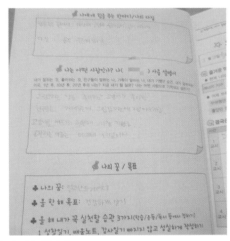

학생들이 작성한 나 사용 설명서

4. 이 활동을 응용할 Your idea!

5. 교사의 활동 소감

2019년에 학생들이 작성한 '선생님 사용 설명서'를 정리하면 다음과 같다.

1) 선생님은 이럴 때 활짝 웃으세요.

　－ 선생님은 아름다우시다고 칭찬할 때 누구보다 예쁘게 웃으신다.

　－ 우리 반 아이들이 재미있는 말을 할 때

　－ 선생님께 인사를 잘할 때

　－ 우리 반에 자랑스러운 일이 생겼을 때

　－ 선생님이 교실에 들어오실 때 박수를 잘 쳤을 때

　－ 숙제를 잘해 왔을 때

　－ 제가 웃겨 드릴 때 많이 웃으십니다.

2) 선생님은 이럴 때 화내세요.

　－ 자습 시간에 아무것도 안 하고 멍 때리고 있을 때

　－ 너무 지나치게 장난칠 때

　－ 우리 반 금지어(몰라요, 그냥요, 왜요, 싫어요 등)를 말할 때

　－ 교칙, 약속을 지키지 않았을 때

　－ 친구와 심하게 싸웠을 때

　－ 예의를 지키지 않을 때

　－ 숙제를 안 했을 때

　－ 조용히 하라고 해도 계속 시끄럽게 떠들 때

　－ 변명이나 거짓말을 할 때

　－ 2번, 3번 말해도 듣지 않을 때

　－ 수업 시간에 늦게 들어갔을 때

3) 선생님이 자주 하시는 말씀

　－ 성장 일기, 복습 노트 다 해야 집에 간다.

　－ 성장 일기 다 냈나?

4) 우리 선생님의 좋은 점

　－ 영어 선생님이셔서 영어 공부에 많이 도움이 된다. 모르는 게 있어 물어보면 잘 대답해 주신다.

행복한 교사가 행복한 교실을 만든다 - 중등 학급경영

– 너무 예쁘시다.

– 상담할 때 어떻게 하면 좋을지 잘 알려 주신다.

– 우리를 많이 생각해 주신다.

– 학생들을 진심으로 아껴 주시고 새로운 활동들을 많이 체험해 볼 수 있다.

– 학생들에게 도움이 되는 활동을 하려고 노력하신다.

– 학생들을 위해 자신이 귀찮고 하기 싫은 일도 하신다.

– 수업을 하는 중간중간에 재미있는 활동을 한다.

– 언제나 예쁘시고 아름다우시다.

– 항상 웃으신다.

– 언제나 열심히 우리들을 가르쳐 주신다.

– 앞으로도 쭉~~ 이쁠 것이고 아름다울 것이다.

– 선생님이 웃으실 때 왠지 우리까지 기분이 좋아진다.

5) 선생님을 만날 학생들에게 하고 싶은 말

– 최선경 선생님은 처음에 무서워 보일 수 있겠지만 상냥하고 착하신 분이니깐 선생님 말씀 잘 듣고 잘 지내길 바라.

– 선생님께서 문 열고 들어오실 때 박수 크게 치고 성장 일기, 복습 노트 적는 거 힘들어도 열심히 적어. 그거 다 선생님께서 우리를 위해서 하는 거니까.

– 좋은 분이고 조금 빡세지만 항상 인생에 도움이 되시는 분이야.

– 수업 시간에 늦게 들어오지 말고 무슨 설문지 잘 가져오고, 수고해라!

– 복습 노트 제때 써라.

– 젊어 보인다, 예쁘다라는 말을 좋아하세요.

– 선생님께서 뭘 시키면 군말 없이 하는 게 좋을 겁니다.

– 선생님께서 말씀하실 때 '왜요?'라고 말하지 마. 선생님께서 시키신 과제는 부지런히 해.

– 가정통신문은 되도록 빨리 내는 것이 좋아.

– 복습 노트는 자신이 마음먹기에 따라 공부가 될 수도 있고 안 될 수도 있어.

7. 얼음 깨기 활동들

(활동개요)

계기 아이스 브레이킹의 사전적 의미는 '얼음 깨기'다. 본격적인 행사에 앞서 어색함을 풀어 주고, 참가자들 간 관계 계선, 더 나아가 진행자와 참가자 간 관계를 편하게 해 주는 친교 활동을 뜻한다.

추천 이유 학기 초 서먹한 분위기를 깨기 위해, 교사와 학생, 학생과 학생 사이의 친밀감 형성을 위해

★ 준비물 스티커, 포스트잇, A4 용지 등

:고쌤 팁

선생님이 먼저 자연스러운 분위기를 조성한다.
유의사항 전원이 참여하고 즐길 수 있는 활동으로 진행한다.

친구 얼굴 그려주기

1. 활동 방법

1) 자신의 이름을 적은 후 A4 용지를 오른쪽으로 건네준다.

2) 건네받은 A4 용지에 이름이 적혀 있는 친구의 얼굴을 보고 30초 동안 그린다.

3) 짧은 시간에 그려야 하기 때문에 친구의 얼굴 특징을 잘 살려 그려야 한다.

4) 친구의 얼굴을 혼자서 그리는 것이 아니다. A4 용지를 계속 오른쪽으로 건네주면서 모두가 이어서 그린다. 마지막 학생이 친구의 얼굴 그림을 완성한다.

5) 완성된 그림이 주인에게 오면 친구들이 그려 준 자신의 얼굴을 천천히 살펴본다.

2. 효과

1) 학생들이 친해질 수 있는 기회가 된다. 그림이라는 요소가 흥미를 일으킨다.

2) 학기 말에는 롤링 페이퍼 형태로 진행하여 반 친구들에게 고마운 마음을 전한다.

3) 학기 초나 모둠을 새롭게 구성하고 난 후, 서먹한 분위기에서 모둠원들끼리 친해질 수 있는 기회를 주는 활동이다.

3. 활동 사진

학생들이 그린 친구 얼굴

친구 얼굴을 그리는 학생들

4. 이 활동을 응용할 Your idea!

_____

_____

_____

_____

실타래 던지기 활동

1. 활동 개요

새롭게 만난 아이들의 어색함을 풀어 주기 위한 얼음 깨기 활동이다. 3월 2일 첫날이나 처음 일주일 중에 1시간 정도를 할애해 실천하면 학기 초 반 분위기가 한결 편안하고 자연스러워진다.

2. 활동 방법

1) 원으로 둥글게 둘러앉아 자기소개를 한다. 이때 자기 이름 삼행시 짓기, 나의 각오 한마디, 나의 미래 자화상, 버킷리스트 등을 이야기할 수 있다.

2) 실타래를 풀면서 자기소개를 하고, 끝나면 반대편 친구 중 한 명에게 "○○○야, 사랑해!"라고 말하며 실타래를 던진다. 실타래를 받은 친구도 자기소개를 한 후 같은 방식으로 다음 친구에게 넘긴다. 마지막 친구까지 계속 반복한다.

3) 마지막 친구가 실타래를 받아 자기소개가 끝나면 교사가 적절한 마무리 이야기를 한다.

예를 들면 "모두 다 실을 잡고 있죠? 이제 잡은 실을 모두 함께 머리 위로 들어 올려 볼까요? 우리가 잡고 있는 실은 눈에 보이는 실입니다. 이 실을 통해 우리는 모두 서로에게 연결되어 있습니다. 사실 우리는 눈에 보이지 않는 마음의 실로 이미 서로 연결되어 있습니다. 그래서 서로의 기쁨도, 슬픔도 함께 느낄 수 있습니다. 우리는 각자의 변화와 성장을 통해 서로에게 좋은 영향을 줄 수 있습니다. 내가 성장하고 발전하는 것이 우리 모두를 위하는 일이라는 것을 이 실타래 던지기를 통해 깨달을 수 있기를 바랍니다. 앞으로 이뤄질 우리 모두의 성장을 서로 축하해 주세요!"라고 한다. 혹은 "우리가 잡고 있는 이 실은 몇 개죠? (하나요!) 그렇죠? 하나! 지금 우리 반이 하나로 연결되어 있다는 것을 알 수 있어요! 이제 하나로 연결된 여러분은 1년 동안 함께 할 운명공동체가 되어 모두 하나의 배에 올라 탔습니다. 다 함께 박수!!!"라고 이야기한다.

선생님의 이야기에는 2가지 메시지, 즉 '우리는 모두 실로 연결된 존재다, 그리고 실은 하나이고 고로 우리 반은 하나다'가 담겨 있어야 한다.

3. 효과

1) 학기 초 반 친구들과 친해질 수 있는 계기가 된다.

2) 실타래를 통해 우리는 하나라는 생각을 심어 준다.

3) 우리 반은 특별하다는 인상을 주어 소속감을 높인다.

4. 이 활동을 응용할 Your idea!

5. 학생의 활동 소감

친구들과 둥글게 앉아서 실을 주고받으면서 서로의 이름을 말하는 활동을 했다. 서로의 이름이 빨간 실을 통해 전달된다는 것이 굉장히 독특하고 흥미로웠다. 친구들의 이름을 알아 갈수록 우리 6반 친구들의 이름이 참 예쁜 것 같다는 생각을 했다. 친구들끼리 하루빨리 친해졌으면 좋겠다. 나도 친구들에게 먼저 다가가 말도 걸고 어색하지 않게끔 노력해야지! 친구들아, 우리 앞으로 사이좋게 지내자. 오늘 활동 참 재미있고 뜻깊었던 것 같다. 앞으로도 이런 활동이 많이 이루어졌으면 좋겠고, 또 이런 활동을 통해 친구를 알아 가고 서로 협동심을 기를 수 있는 계기를 만들어 보고 싶다.

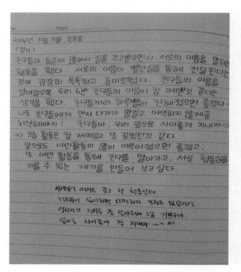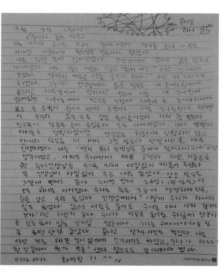

학생들의 실타래 던지기 활동 소감

네임 텐트로 자기소개하기

1. 활동 방법

1) 네임 텐트에 자신의 이름과 함께 좋아하는 숫자나 별명, 요즘 관심사, 새로운 학년에 임하는 각오, 키우고 싶은 습관이나 버리고 싶은 습관, 들으면 기분 좋은 말 등을 적는다.

2) 순서대로 자기소개를 한다.

3) 들으면 기분 좋은 말은 다 같이 해 준다.

2. 효과

1) 학급 학생들과 친해지는 계기가 된다. 담임교사와 학생 사이에 라포가 형성되는 시작점이 된다.

2) 수업 시간에 듣기 힘든 아이들의 다양한 이야기를 들을 수 있다. 이는 상담 자료로 활용할 수 있다.

3) 학생들과 추억이 생기고, 소외되던 아이들도 교우 관계가 좋아질 수 있다.

3. 활동 사진

네임 텐트를 만드는 아이들

게시판에 부착된 네임 텐트

종이컵과 포스트잇을 활용해 이름표를 만드는 아이들

비행기날리기활동

1. 활동 방법

1) A4 용지에 선생님의 질문에 대한 답을 쓴다. 질문은 아이들의 생각을 묻는 것이 좋다. 나는 "1학기 학교생활 중 가장 후회되는 일은 무엇일까? 왜 후회할까? 지금 그 때로 되돌아가면 어떻게 할까?"라고 묻기도 한다. 모든 질문에 대한 답을 한꺼번에 쓰게 할 수도 있지만, 질문에 대한 답을 각각 써서 차례로 날리게 하면서 하나씩 확인할 수도 있다.

2) 출력된 양식이나 빈 종이에 내용을 적은 후 비행기를 접는다. 종이를 구겨서 공을 만들어도 좋다.

3) 구령에 맞춰 모두 함께 교실 중앙으로 날린다.

4) 돌아가면서 랜덤으로 종이를 주워 내용을 공유한다.

2. 효과

1) 활동지 내용을 채우는 정적인 활동에 움직임을 가미하여 학생들의 흥미를 유발한다.

2) 친구의 글에 답글을 달면서 친구들의 다양한 아이디어를 확인한다.

3) 생각을 확장하는 연습이 된다.

3. 활동 사진

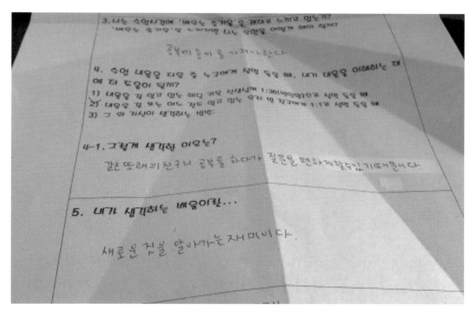

학생들이 작성한 활동지 비행기

비행기를 날리고 읽는 학생들

나답게 너답게 그리하여 함께

체인지메이커 2기 1학년 6반 이름 _____

1. 개학 날 아침에 제일 많이 한 생각(걱정, 느낌)은 무엇이었나요?

_____

_____

▶ 친구에게 마음을 담아 댓글(위로, 공감, 격려, 칭찬, 조언)을 써 주세요.

_____

_____

2. 내가 꿈꾸는 1학년 6반은 어떤 반인가요?

_____

_____

▶ 친구에게 마음을 담아 댓글(위로, 공감, 격려, 칭찬, 조언)을 써 주세요.

_____

_____

3. 올해 꼭 이루고 싶은 것이 있다면 무엇인가요?

_____

_____

▶ 친구에게 마음을 담아 댓글(위로, 공감, 격려, 칭찬, 조언)을 써 주세요.

_____

_____

이 양식은 학급경영 연수에서 제공된 자료를 재가공하여 사용한 것입니다.

생각 릴레이

○○중학교 2학년 5반 이름 _____

1. 영어를 왜 배워야 할까요? 자신만의 이유를 적어 봅시다.

_____

_____

2. 영어란 _____이다. 왜냐하면…. 빈칸에 단어를 채워 넣고, 그 이유를 적어 봅시다.

_____

_____

3. 배우는 즐거움을 느끼려면 나는 무엇을 어떻게 해야 할까요?

_____

_____

4. 진정한 배움이란 무엇일까요? 올해 어떻게 공부할지 다짐을 써 봅시다.

_____

_____

종이 비행기 타임랩

함께해서 행복했던 100일간의 추억

○○ 중학교 1학년 3반 이름 _____

1. 1학년 3반에서 즐거웠던 기억은? 가장 기억에 남는 추억은?

_____

_____

1-1. 친구의 답에 대해 공감하고 격려하는 이야기를 구체적으로 표현해 주세요.

_____

_____

2. 1학년 3반에서 친구나 선생님에게 고마운 기억은?

_____

_____

2-2. 친구의 기억에 대해 공감하고 격려하는 이야기를 구체적으로 표현해 주세요.

_____

_____

민주적인 학급 임원 선거

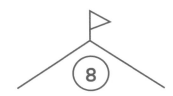

학급의 대표를 뽑는 것은 1년이라는 시간이 걸린 매우 중요한 문제다. 누가 학급 임원이 되느냐에 따라 학급 분위기가 좋아질 수도 있고 그렇지 않을 수도 있기 때문이다. 이는 담임교사와 반 아이들과의 관계에도 적지 않은 영향을 끼친다.

여기에서는 내가 경험한 학급 임원 선거를 나누고자 한다. 우선 선거 일정을 공지하고 입후보 등록을 하게 했다. 입후보 등록은 최소 5인 이상의 추천을 받아서 하도록 했다. 그리고 투표일 전까지 후보자들에게 자기소개 및 소견 발표를 준비해 오라고 알렸다.

1. 학급 임원 선거 방법
1) 아이들에게 작은 종이를 나눠 주고 각자 자신이 생각하는 바람직한 반장, 부반장과 학급을 어떻게 이끌어 주면 좋을지 생각하여 적어 보게 한다.

2) 후보자들은 1분씩 소견을 발표한다.

3) 선생님이 하는 질문에 각 후보자들이 답변한다.

(1) 우리 반에 왕따 문제가 발생한다면 어떻게 할 것인가?

(2) 쉬는 시간에 우리 반에 장난, 말다툼으로 시작해 주먹이 오고 가는 싸움이 일어났다. 어떻게 할 것인가?

4) 친구들의 즉석 질문에도 답변한다.

5) 눈 감고 각자 마음의 선택을 한 후 투표를 시작한다.

6) 개표 후 반장, 부반장을 확정하고 당선 소감을 발표한다.

7) 다음 날 성장 일기에 반장, 부반장 선거에 대한 소감을 적도록 한다.

8) 반장, 부반장에게 아이들이 투표 전에 적어 낸 반장, 부반장에게 바라는 점을 워드로 정리하도록 한 후, 자신의 다짐을 밑에 적도록 한다. 그것을 '우리가 바라는 반장, 부반장' 유인물로 뽑아 교실에 게시한다. 더불어 학급 리더에게 힘 실어 주기, 멋진 남학생·여학생 선언문 등도 교실에 게시한다.

학급 반장, 부반장 선거에 임하는 아이들의 모습이 정말 진지했고, 후보로 나온 아이들도 장난기 없이 진지하고 발표력도 뛰어났다. 선거 결과 내가 생각하는 리더의 모습과 일치하는 아이들이 당선되어서 참 흐뭇하게 끝난 반장 선거였다.

2. 학급 임원 선거 사진

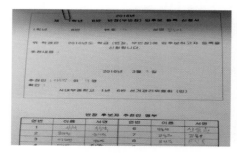

입후보 등록 신청서

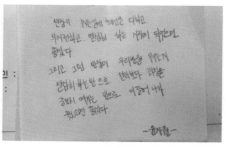

반장, 부반장에 대한 기대

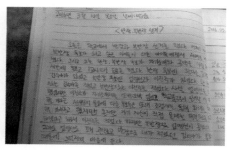

반장, 부반장 선거에 대한 소감

행복한 교사가 행복한 교실을 만든다 - 중등 학급경영

3. 학급 임원 선거 전후의 활용 자료

1) 학급 임원 선거 전에 생각해 볼 점을 정리한 유인물

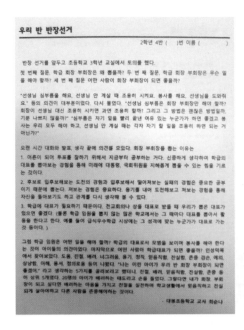
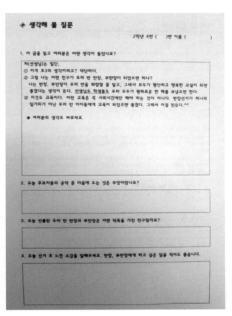

2) 학급 임원 선거 후 함께하기의 의미에 관한 영상 시청

학급 임원 선거 활용 양식 ①

◈ 아래의 글을 읽고 생각해 볼 질문에 대답해 보세요. ◈

초등학교 3학년 회장, 부회장 선거를 앞두고 교실에서 토의를 했다. 먼저 선생님이 우리에게 3가지 질문을 하셨다.

하나, 학급 회장, 부회장은 왜 뽑을까?

둘, 학급 회장, 부회장은 무슨 일을 해야 할까?

셋, 어떤 사람이 회장, 부회장이 되면 좋을까?

우선 첫 번째 질문에 대해 의견을 냈다. "선생님 심부름을 해요." "선생님 안 계실 때 조용히 시켜요." "봉사를 해요." "선생님을 도와줘요." 등의 의견이 대부분이었다. 선생님이 다시 물었다. "선생님 심부름은 회장, 부회장만 해야 할까? 자기 일을 빨리 끝낸 여유 있는 누군가가 하면 되지 않을까?" "회장이 선생님 대신 조용히 시키면 과연 조용히 할까? 그리고 그 방법은 괜찮은 방법일까, 기분 나쁘지 않을까?" "봉사는 우리 모두 해야 하는 게 아닐까?" "선생님을 도와주는 일도 우리 반 모두가 하면 더 좋지 않을까?" 듣고 보니 정말 그런 것 같았다.

오랜 시간 대화와 발표, 생각 끝에 '회장, 부회장을 뽑는 이유'에 대해 의견이 모아졌다.

1. 어른이 되어 투표를 잘하기 위해서 지금부터 공부하는 것이다. 신중하게 생각하여 학급의 대표를 뽑아 보는 경험을 통해 미래에 대통령, 국회위원을 지혜롭게 뽑을 수 있는 힘을 기르는 것이다.

2. 회장 선거에 입후보해 보는 도전의 경험과 선거에서 떨어져 보는 실패의 경험도 중요한 공부이기 때문에 뽑는다. 용기를 내어 도전하여 때론 당선되고 때로 떨어지는 경험을 통해 자신을 돌아보거나 교우 관계를 다시 생각해 볼 수 있다.

3. 학급에 대표가 필요하기 때문이다. 전교회의나 반 전체가 상을 받을 때 우리가 뽑은 대표가 있으면 좋을 것이다. 물론 학급 임원을 뽑지 않는 많은 학교에서는 그때마다 대표를 뽑아서 활동한다고 한다. 예를 들어 급식

우수학급 시상에는 그 상을 받기에 적절한 학생이 대표로 가는 것이다.

두 번째 질문에 대해서는 학급의 대표로서 모범을 보이며 봉사를 해야 한다는 것이 아이들의 의견이었다.

마지막으로 어떤 사람이 학급대표가 되면 좋으냐는 질문의 답은 인성덕목에서 찾아보았다. 도움, 친절, 배려, 너그러움, 용기, 정직, 믿음직함, 진실함, 존중 겸손, 예의, 상냥함, 이해, 용서, 정의로움 등이 나왔다. 선생님은 이것들 중에 5가지를 골라 보라고 했고, 그 결과 친절, 배려, 믿음직함, 진실함, 존중이 나왔다. 무려 20명의 아이들이 배려에 손을 들었다. 만약 내가 회장, 부회장이 되고 싶다면 학교에서 배려하는 마음을 가지고 친절을 실천하며 믿음직하고 진실하게 생활해야 하고 다른 사람을 존중해야 하는 것이다.

◈ 생각해 볼 질문 ◈

3학년 7반 (   )번 이름 (   )

1. 이 글을 읽고 여러분은 어떤 생각이 들었나요?

우선 선생님의 생각을 들려줄게요. 선생님은 먼저 '이게 초3의 생각이라고? 대단하다'라는 생각이 들었습니다. 그리고 나는 어떤 친구가 우리 반 반장, 부반장이 되었으면 좋을지를 생각했습니다. 나는 반장, 부반장이 우리 반을 화합시킬 줄 알아서 모두가 평안하고 행복한 교실을 만들면 좋겠습니다. 마지막으로 반장 선거도 교육이라는 생각이 들었습니다. 이런 교육을 꼭 사회 시간에만 해야 하는 것이 아니니까 반장 선거가 우리 반 아이들에게 교육이 되었으면 해서 이걸 만들었어요.^^

이제 자신의 생각을 적어 주세요.

_____

_____

2. 오늘 후보자들의 공약 중 마음에 드는 것은 무엇인가요?

_____

_____

_____

3. 오늘 선출된 우리 반 반장과 부반장은 어떤 덕목을 가진 친구일까요?

_____

_____

_____

4. 오늘 선거 후 느낀 소감을 적어 주세요. 반장, 부반장에게 하고 싶은 말을 적어도 좋습니다.

_____

_____

_____

자료 제공 : 최순나 선생님

행복한 교사가 행복한 교실을 만든다 - 중등 학급경영

반장 · 부반장 입후보자 서약서

3학년 7반 이름 (   )

1. 나는 3학년 7반의 대표 학생으로서 타의 모범이 되고 교칙을 준수한다.

   가. 교복을 단정하게 입는다.

   나. 남학생은 왁스, 여학생은 화장품, 미용렌즈 등을 사용하지 않는다.

   다. 질서를 잘 지킨다. (특히 새치기나 지각을 하지 않는다.)

   라. 실외화를 실내에서 신지 않는다.

   마. 음주, 흡연, 무단결과, 무단결석 등의 잘못을 저지르지 않는다.

2. 나는 3학년 7반의 대표 학생으로서 선생님의 지도를 잘 따른다.

3. 나는 3학년 7반의 대표 학생으로서 친구들이 바르게 생활할 수 있도록 돕는다.

4. 나는 3학년 7반의 대표 학생으로서 잘못된 행동을 목격하는 즉시 말리거나 선생님께 알린다.

5. 나는 교내외 징계를 받게 되면 임원직에서 사퇴해야 함을 안내받았다.

   나는 이상의 내용을 충분히 이해했으며, 지키지 못할 시에는 선생님이나 학교 측의 지도에 성실히 따를 것을 약속합니다.

2021. 3.   .

이름 :   (서명)

나는 3학년 7반의 반장 또는 부반장이 된다면 _____

_____ 한 학생이 될 것이고,

우리 반을 _____

_____ 반으로 만들기 위해 노력할 것입니다.

임원 선거 활용 양식 ③

공 고

3학년 7반 반장, 부반장 선거를 다음과 같이 실시합니다.

선거일 : 2021년 3월 12일

장소 : 3학년 7반 교실

참가자 : 3학년 7반 학급 구성원 전체

우리 모두 선거에 적극적으로 참여합시다.

공정한 선거는 민주주의의 기본입니다.

2021 3월 8일

선 거 관 리 위 원 회 (인)

선거 일정과 유의사항

◈ 선거 일정

3월 8～11일 : 후보자 등록 (후보자는 자기소개를 적은 벽보를 게시판에 부
     착할 수 있다.)

3월 12일 : 합동 유세 (아침, 점심시간 활용)
     투표 및 개표
     당선 소감 발표 및 당선자 공고

◈ 유의사항 (후보자 추천 기준)

반장, 부반장 입후보자는 학급 구성원 5명 이상의 추천을 받은 사람, 선생
님과 친구들을 도와줄 자세가 되어 있는 사람, 학생과 교사의 연결고리 역
할을 할 수 있는 사람, 교칙 및 학급 규칙을 준수하고 3학년 7반의 화합을
이끌어 낼 수 있는 사람이어야 한다.

2021년 3월 8일
선 거 관 리 위 원 회 (인)

2021년 3학년 7반 반장 · 부반장 입후보 등록 신청서

3학년 7반 번호 :   성명 :

위 학생은 2021년도 학급 (반장, 부반장)에 입후보하고자 등록을 신청합니다.

추천 내용 :

2021년   3월   일

추천인 :   외   명

확인 :

서동중학교   3년   7반 선거관리위원회 (인)

반장 후보자 추천인 명부

연번	이름	서명	연번	이름	서명
1			6		
2			7		
3			8		
4			9		
5			10		

반장, 부반장 후보 기호 1	반장, 부반장 후보 기호 2

선 거 관 리 위 원 회 (인)   선 거 관 리 위 원 회 (인)

소통하는 학부모 총회

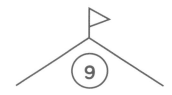

수업이나 학생보다도 학부모와의 관계에서 오는 어려움을 호소하는 교사가 의외로 많다. 교사라면 가능한 한 학부모를 만나고 싶지 않은 게 인지상정이다. 그러나 학부모들이 교사의 심경을 읽지 못하듯이 교사도 그들의 불안과 외로움, 자괴감을 모르기는 마찬가지라는 사실을 알아야 한다.

학부모와의 관계가 어려운 이유는 무엇일까? 교육학에서는 교사, 학생, 학부모를 교육의 3주체라고 말한다. 그러나 막상 우리가 맞닥뜨리는 현실에서는 교사를 존중하지도 않고, 그다지 교육적이지도 않은 학부모가 허다하다. 아이에게 지나치게 무관심한 방임형 부모부터 제 아이밖에 모르는 이기적인 부모까지 학부모 유형은 매우 다양하다. 교육 경력이 짧은 교사일수록 각양각색의 학부모에게 어찌 대처해야 할지 몰라 어려움을 겪는다.

아이들의 긍정적 변화와 성장의 전제 조건은 학부모의 성장이다. 담임교사가 교실에서 제아무리 학생과의 관계에 정성을 다하고 공동체적이고 자율적인 학급을 만든다고 해도, 자녀를 대하는 부모의 태도나 가치관이 뒷받침되지 않으면 아이들에게 긍정적인 변화가 일어나는 일도, 그 변화가 지속되는 일도 어렵다. 학부모가 아이들의 정서와 생활습관에 끼치는 영향은 마치 공기처럼 일상적이고 지속적이다. 다시 말해 학부모는 아이들에게 가장 중요한 환경인 셈이다. 담임교사가 학부모의 성장에 관심을 기울여야 하는 이유가 바로 이것이다.

학부모와의 소통을 위해 진행한 학부모 총회 사례를 살펴보자. 이 사례는 블로그 '명명샘의 교실'에 있는 '학부모의 마음을 얻는 학부모 총회'를 참고하여 진행한 것이다.

1) 당일 조례 시간에 학생들에게 조사한 '부모님께 듣고 싶은 말, 듣기 싫은 말'을 학부모님들이 교실로 들어오기 전에 미리 칠판에 게시해 둔다.

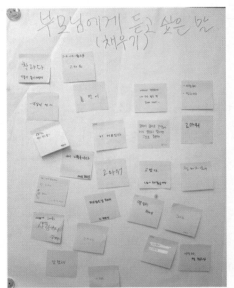

부모님께 듣고 싶은 말, 듣기 싫은 말

2) A4 용지를 나눠 준다. 자녀의 이름과 장점 몇 가지를 적어서 비행기를 접으라고 이야기한 후 잠시 노래를 틀어 시간을 준다. 그리고 모두 함께 비행기를 접어 날린다.

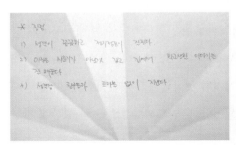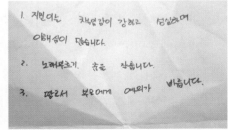

학부모님이 작성한 장점 비행기

3) 담임교사는 바닥에 떨어진 비행기를 하나씩 주워 "~한 장점을 가진 ○ ○ ○ 어머님(아버님) 오셨네요."라고 소개한다.

4) 준비한 환영의 시, 정현종의 〈방문객〉을 함께 읽는다. 학생들과도 이 시를 개학 첫날 함께 읽었다는 이야기와 함께 학급경영 중점사항을 말씀드린다.

5) 자녀가 비웠으면 하는 것, 채웠으면 하는 것을 적고 공유하는 시간을 가진다. 그러면 다른 학부모들의 이야기를 들으면서 나만, 우리 아이만 그런 것은 아니구나 하며 조금은 안심하게 된다.

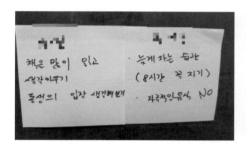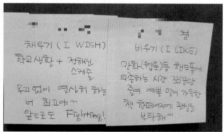

자녀가 비웠으면 혹은 채웠으면 하는 점

6) 마지막으로 소감 나누기를 한다. "자녀의 장점과 비우고 채워야 할 것에 대해 이전에 생각하지 못했는데 생각해 볼 수 있어 좋았다."고 말씀해 주신 분도 있었고, "자녀가 '부모님과 소통하기'에 적은 내용을 보고 자녀의 마음을 이해하게 되었다. 오늘 총회 오기를 잘했다."는 소감을 남긴 분도 계셨다.

7) 아이들을 믿고 격려해 달라는 당부 말씀으로 총회를 마무리한다.

학부모 대상으로 이렇게 활동을 진행한 적은 이때가 처음이었는데, 개별 상담에서는 얻을 수 없는 효과가 있는 듯했다. 학부모 총회 기간이 아니더라도 학부모 대상 집단 상담을 진행해 보면 좋겠다는 생각도 들었다. 결국 아이들의 문제는 부모님과의 관계와 양육 환경에서 비롯된다는 사실을 부모님들과의 대화에서 느낄 수 있었다.

부모인 나도 내 자녀와의 관계 형성을 좀 더 잘할 수 있도록 노력해야겠다고, 아이를 좀 더 믿고 격려해 주고 사랑을 잘 표현해야겠다고 생각하게 되었다.

부모님과 소통하기!

- 2017년도의 제 목표는 _____ 입니다.

지켜봐 주세요!

왜냐하면 _____

_____

_____

_____

- 저희 부모님은 _____

_____ 부모님입니다.

- 부모님께 듣고 싶은 말 BEST 3

_____

_____

_____

- 부모님께 듣기 싫은 말 BEST 3

_____

_____

_____

- 부모님께 감사한 3가지!

✉ 평소에 말하지 못한 이야기

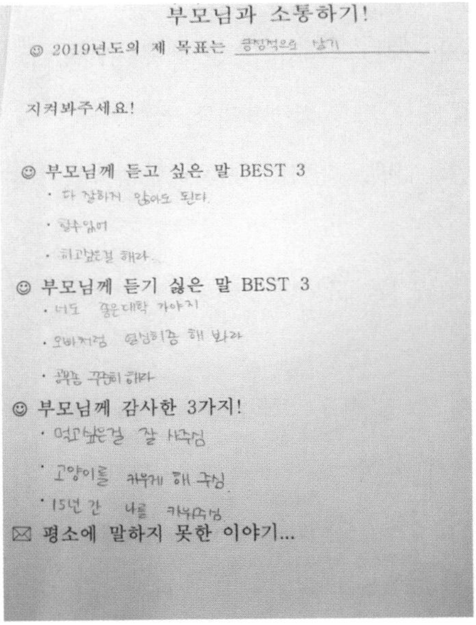

부모님과 소통하기!

☺ 2019년도의 제 목표는 긍정적으로 살기

지켜봐주세요!

☺ 부모님께 듣고 싶은 말 BEST 3

- 다 잘하지 않아도 된다.
- 할수있어
- 하고싶은걸 해라.

☺ 부모님께 듣기 싫은 말 BEST 3

- 너도 좋은대학 가야지
- 오빠처럼 열심히좀 해 봐라
- 공부좀 꾸준히 해라

☺ 부모님께 감사한 3가지!

- 먹고싶은걸 잘 사주심
- 고양이를 키우게 해 주심
- 15년 간 나를 키워주심

✉ 평소에 말하지 못한 이야기...

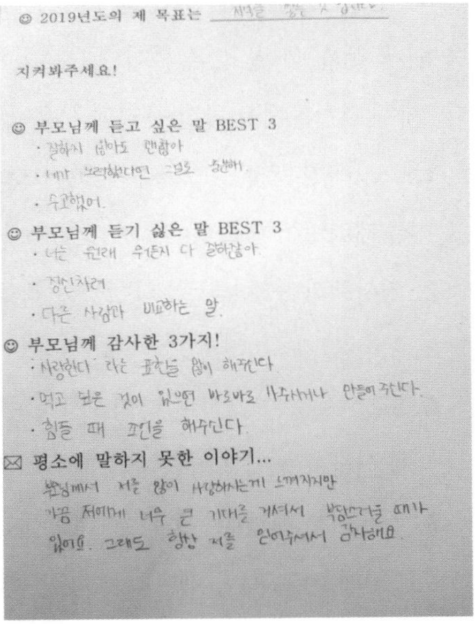

☺ 2019년도의 제 목표는 성적을 잘 받는 것

지켜봐주세요!

☺ 부모님께 듣고 싶은 말 BEST 3

- 잘하지 않아도 괜찮아
- 네가 노력했다면 그걸로 충분해.
- 수고했어.

☺ 부모님께 듣기 싫은 말 BEST 3

- 너는 원래 무엇이든지 다 잘하잖아.
- 정신차려
- 다른 사람과 비교하는 말.

☺ 부모님께 감사한 3가지!

- 사랑한다 라는 표현을 많이 해주신다
- 먹고 싶은 것이 있으면 바로바로 사주시거나 만들어 주신다.
- 힘들 때 조언을 해주신다.

✉ 평소에 말하지 못한 이야기...

부모님께서 저를 많이 사랑하시는게 느껴지지만 가끔 저에게 너무 큰 기대를 거셔서 부담스러울 때가 있어요. 그래도 항상 저를 믿어주셔서 감사해요.

부모님과 소통하기 설문지

학급비는 이렇게 사용하세요!

학급비는 보통 개산급 형태로 선생님 통장에 직접 들어옵니다. 학급비를 사용할 때는 영수증과 구입 물품 목록을 잘 챙겨 두세요. 11월쯤 되면 각 부서에서 영수증, 정산서를 제출하라는 요청이 많을 것입니다. 미리 학급비나 수평공동체에서 준 연구비로 구입한 물품의 영수증을 모아 두면 11월에 당황하지 않을 수 있습니다.

학급비로 학생들에게 어떤 물품을 사 줘야 할지 막막할 때는 '티처몰'을 방문해 보세요. 선생님들이 직접 만든 교구와 추천 목록이 잘 갖추어져 있어 용도에 맞는 물품을 쉽게 찾을 수 있고, 후불제 기능과 0원까지 맞춰 주는 서비스도 제공하고 있습니다. 제가 티처몰에서 직접 구입해 사용한 물품 몇 가지를 소개할게요.

1. 스크래치 복권 : 스크래치 복권으로 깜짝 이벤트를 진행했는데 학생들이 상당히 재미있어 했습니다.

2. 필사책과 노트 세트 : 학생들이 책을 읽고 필사하도록 했습니다.

3. 성장 일기

4. 도장 : 중학교 3학년 담임교사라면 원서 쓸 때 필요한 도장을 새겨서 학생들에게 선물하는 것도 좋습니다.

5. 컴퓨터용 사인펜 : 응원 문구를 새긴 컴퓨터용 사인펜을 학기 초에 학생 수만큼 구입해 놓고 시험 때마다 사용한 후 다시 선생님이 보관하면 좋습니다. 수정액도 함께 구입해 두면 좋겠죠.

교사와 학생이 함께
만들어 가는 학급경영 이야기

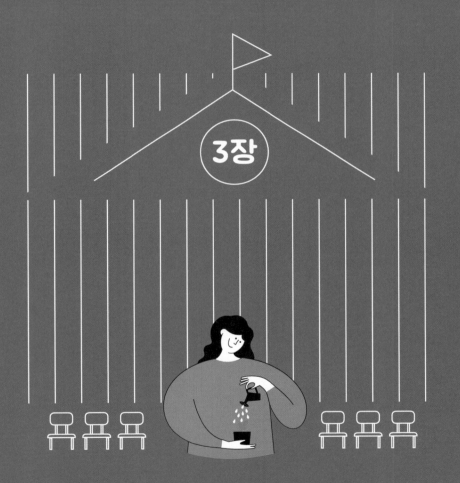

3장

신쌤 & 고쌤

고쌤 제가 이제까지 한 이야기 잘 이해하셨나요? 저만의 학급경영 팁을 다시 한번 요약해 볼게요.

하나, 학급경영 철학부터 세우기. 둘, 2월에 미리 준비하기. 셋, 첫날 첫 만남 철저히 준비하여 우리 선생님은 뭔가 다르다는 인상을 강력하게 심어 주기. 넷, 규칙은 일관성 있고 단호하게 적용하기. 다섯, 당장 눈앞에 변화가 보이지 않더라도 교사의 긍정 메시지는 아이들에게 결국 스며든다는 것을 믿고 꿋꿋하게 실천하기. 여섯, 동료 교사, 교사 공동체와 함께하기.

신쌤 잘 이해했어요. 그런데 지금은 코로나 19로 아이들이 온라인으로 학습을 하고 있잖아요. 이런 활동을 온라인에서도 활용할 수 있을까요?

고쌤 물론이죠. 온라인상에서 여러 툴을 활용하면 학생들과 더 잘 소통할 수도 있어요.

신쌤 여러 활동을 소개해 주셔서 좋긴 한데 자신이 좀 없어지네요. 그 많은 활동을 해내는 건 고쌤이라서 가능한 일 아닐까요?

고쌤 아니에요. 제가 특별히 잘해서 그런 건 절대 아니에요. 다른 선생님들의 이야기도 한번 들어 보실래요? 그리고 저도 실수 많이 했어요. 제 실수담도 들려드릴게요.

좌충우돌 신규 교사 학급경영기

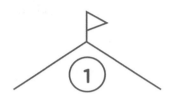

최선경 서동중학교 선생님

나의 신규 발령지는 규모가 제법 큰 학교여서 교사 수가 많았다. 담임을 할 재원이 넉넉해서 신규 교사들은 거의 담임을 맡지 않았다. 하지만 나는 학생들과 힘든 첫해를 보내더라도 담임이 너무 하고 싶었다. 경력 교사들로부터 "담임은 힘들어."라는 말을 들을수록 더 담임이 하고 싶었다. 학생들이 교무실에 와서 "우리 선생님 어디 계세요?"라고 하는 말이 그렇게 부러울 수가 없었다. '영어 선생님', '최선경 선생님'이 아닌 '우리 선생님'이라는 소리를 듣고 싶었다. 담임을 하고 싶었던 이유는 당시 담임을 맡고 있던 분들 모두가 학급 관리도 잘하고, 무엇보다 학생들이 선생님의 말을 잘 들었기 때문이다. '나도 담임이 되면 학생들이 말을 더 잘 듣겠지.' 하는 심리가 작용했을지도 모르겠다.

신규 첫해는 좌충우돌, 동분서주하는 가운데 눈 깜박할 사이에 지나가 버렸다. 나는 어설펐던 한 해를 돌아보며, 다음 해에는 수업도 잘하고 학급경영도 잘하는 담임이 되고자 겨울방학 동안 서울에서 2박 3일간 진행되는 학급경영 연수를 신청했다. 그 연수에서 어떤 철학을 가지고 어떤 방법으로 학급경영을 할지 등 많은 것을 배웠다. 우리 반 특색 활동, 학급행사 계획, 학부모에게 보내는 통신문 작성법 등 현재까지 학급경영에 활용하고 있는 자료들과 시스템 대부분은 그 연수에서 얻은 노하우들이다. 연수를 마치고 굳은 결심으로 새 학기 준비에 만전을 기했다. 학부모에게 보내는 편지 문구를 미리 써 놓고 학생들에게 나누어 줄 학용품도 준비했다.

그렇게 담임을 할 기대감에 부풀어 있었는데, 2월 말 새 학기 업무 분장을 보고 눈물을 흘리고 말았다. 비담임으로 배정되어 있었다. 도서관 업무를 맡게 되었는데, 당시에는 도서관에 사서교사가 없던 시절이라 도서관 관리부터 장서 정리, 도서 대출 업무까지를 직접 해야 했다. 교장 선생님이 도서관 업무를 배정해 주면서 담임에서는 나를 제외시킨 것이었다. 같이 발령받은 신규 교사들 중 유일하게 나만 비담임이 되었다. 업무 분장표를 본 순간 어찌나 허탈하고 서운하던지 엉엉 울고 말았다.

1학년 수업과 부담임을 맡게 되었다. 내가 부담임을 맡게 된 반의 담임교사는 임신 중이어서 1학기에 한 달, 2학기에 두 달 휴직을 하였고, 그 기간 동안 내가 담임 역할을 하게 되었다. '이렇게 될 거면 처음부터 담임을 주던지.' 하는 생각이 들었다. 사서 교사 업무에 담임 업무까지 더해지니 일이 많을 수밖에 없었다. 2월에 담임을 못 맡아서 서운했던 마음은 사라져버린 지 오래였다. 중간에 담임 역할을 몇 달 하는 것은 내가 생각했던 담임의 모습은 아니었다. 담임교사가 그리던 그림이 있었을 텐데, 내가 그 역할을 얼마큼 할 수 있는 것인지, 내 색깔을 얼마나 더할 수 있는지 판단이 잘 서지 않았다.

신규 교사 발령 3년째 나도 드디어 '우리 선생님'이 되었다. 1학년 여학생 반 담임을 맡았다. 당시 우리 학교는 남학생 반, 여학생 반이 분리되어 있었다. '정말 올해는 잘 해야지.' 하는 다짐과 부푼 가슴으로 새 학기를 맞이했다. 담임을 맡으면 학생들이 모두 나를 잘 따르고 좋아할 것으로 생각했다. 그런데 꼭 그런 것은 아니었다. 지금에 돌아보면 우리 반을 잘 관리해야 한다는 생각에 학생들에게 많이 엄격하고 냉정했다. 학생들에게 얕보이면 안 된다는 생각이 강했다. 학생들 앞에서는 잘 웃지 않았고, 학생들에게 잘못을 지적하거나 혼내는 경우가 많았다.

그러던 중에 우리 반 학생들 사이에 왕따 문제가 발생했다. 왕따는 학급에서 흔히 일어나는 문제지만, 담임이 처음이었던 나에게는 내내 풀리지 않는 수수께끼에 1년이 다 가도록 끝내지 못한 숙제였다. 반 전체가 한 학생을 싫어했는데, 담임인 나와 교과 교사들의 눈으로 봤을 때는 아무런 문제가 없어 보이는 학생이었다. 공부도 곧잘 하고 예의도 발랐다. 반 아이들과의 관계 개선을 위해 많이 노력했지만, 속 시원하게 해결이 되지 않았다.

신규 교사 발령 4년째에는 중학교 3학년 남학생 반의 담임이 되었다. 각 학년을 골고루 맡아 봐야 다른 학교에서도 잘 적응할 수 있다는 선배 교사들의 조언이 있었다. 수업을 할 때 남학생 반과 여학생 반의 반응이 정말 달라서 종종 한숨이 나오곤 했는데, 막상 담임을 맡고 보니 생각 외로 괜찮았다. 어떤 면에서는 여학생보다 생활 지도가 쉬운 부분도 있었다. 그간 쌓은 노하우도 적으나마 도움이 되었다. 1학년 때 가르쳤던 학생들을 3학년이 되어 다시 만나는 것이었기에 학생들과 내가 서로를 잘 알고 친밀감이 있었던 이유도 적지 않았을 것이다.

초임 시절 교사로서 실수도 많았고 힘든 일도 많았지만 나로 인해 누군가가 변해가고, 내가 누군가를 위해 뭔가를 할 수 있다는 것이 좋았다. 우리 반 아이들이 있다는 소속감이 심리적으로 안정감을 주었다.

비단 신규 시절에만 실수를 하는 건 아니다. 1년 차에 있었던 실수가 10년 차, 20년 차에 일어나지 않는다는 보장이 없고, 20년 동안 없었던 실수가 30년 차에 나타나지 않는다는 보장도 없다. 상대가 누구냐에 따라, 상황에 따라 별일 아닌 일도 큰일이 될 수 있고 큰일도 별일 아닌 일이 될 수 있다. 그 순간에는 정말 심각하게 느껴졌던 일이 시간이 지나 돌아보면 별것 아닐 수도 있다.

인간은 누구나 성공과 실패, 다양한 경험을 통해 성장한다. 그 경험을 어떻게 해석하고 내 것으로 만드느냐에 따라 충만한 인생이 되기도 하고 그렇지 않기도 하다. 지나간 일들을 되돌아보면 부끄러운 장면들이 많다. 하지만 그 모든 경험과 그 시간을 함께해 준 사람들 덕분에 현재의 내가 있다. 나의 일을 함에 있어 다소 실수가 있더라도 실수를 인정하고, 오히려 실수를 통해 조금 더 현명해지도록 노력하는 내가 되어야겠다. 내일의 나는 분명 더 현명해져 있을 것이라 믿는다.

2년 만의 담임

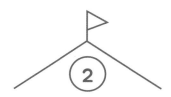

김영림 새론중학교 선생님

교직 생활을 30년 가까이 하면서 21년간 담임을 맡았다. 해마다 담임을 맡던 때에는 당연히 해야 할 업무로 여겨 힘든 줄을 몰랐다. 하지만 나이가 들어 업무부장을 하게 되면서 담임을 한두 해씩 건너뛰게 되니, 새삼 담임 업무가 힘들다는 걸 깨닫게 되었다.

담임을 맡지 않으니 정말 살 것 같았다. 수업 시간에도 말썽꾸러기들이 얼마나 이뻐 보이던지…. 무엇보다 조례 시간의 여유로움이 나를 정말 행복하게 만들어 주었다. 그렇게 두 해를 쉬며 행복을 누리던 나는 새 학교로 옮기면서 다시 중학교 3학년 담임을 맡게 되었다.

새 학교가 주는 낯섦, 긴장감이 앞섰지만 새로운 아이들을 맞아 1년 동안 함께 어우러져 살아야 할 교실에 들어서자 마음가짐이 새로워졌다. 서로를 인격체로 존중하며 함께 살아갈 수 있기를 꿈꾸며, 학기 초 담임 업무를 찾아보기 위해 예전 파일들을 검색했다. 그렇게 담임의 감각을 되찾으려 애를 썼다.

학기 초 좀 버벅대긴 했지만 동학년 선생님들의 도움으로 무사히 1년을 잘 보낼 수 있었다. 다행히 반 아이들도 약간의 장난기는 있었지만 모두 인성이 바른 아이들이어서 밝고 명랑하게 서로 도우며 협력하는 즐거운 학급을 만들어 주었다.

나는 중학교 3학년 담임을 제일 많이 하였음에도 불구하고 고등학교 입시가 연관되어 있다 보니 늘 긴장의 끈을 놓을 수가 없었다. 지금도 마찬가지다. 이번 아이들도 무난히 원하는 고등학교에 입학시킬 수 있도록 남은 기간도 최선을 다해야 하겠다.

다음은 우리 반 아이들과 1년 동안 함께한 활동들이다.

① 홀짝 일기 : 교사와 학생, 학생과 학생의 소통을 원활히 하며 학교와 가정의 이해를 돕는다.

② 드림에이저(Dreamager) : 드림에이저란 'dreaming'과 'teenager'가 결합된 말로, 잠재된 끼와 재능을 살려 새로운 도전과 꿈을 실현하고 싶어 하는 십대를 일컫기 위해 내가 만들어 냈다. 학습 일기장 드림에이저를 통해 학습한 내용을 스스로 요점 정리함으로써 자기주도적 공부습관을 길러 성적 향상을 꾀할 수 있다.

드림에이저 학습 일기장

③ 고래카드 활용 : 드림에이저를 작성하기 전 매일 아침 고래카드 한 장을 뽑아 미덕의 정의를 쓰고 그것을 실천하기 위해 오늘 내가 할 일을 쓰는 활동으로 인성교육의 일환이다.

④ 칭찬샤워 : 칭찬샤워를 통해 매달 생일 맞은 친구에게 장점과 좋은 말을 롤링 페이퍼에 써 줌으로써 친구를 위하는 마음을 키우고 서로 사이좋게 지내도록 이끈다.

학급밴드

⑤ 학급밴드 운영 : 학교와 학부모의 의사소통 공간으로 온라인으로 운영되

며, 학생과 학부모가 모두 가입한다. 학교에서 나누어 주는 가정통신문, 진로 안내 등 여러 소식과 더불어 체험학습 사진 등을 게시하여 학부모에게 아이들의 학교생활을 보여 준다.

⑥ 사랑과 믿음이 가득한 약 : 4번의 시험 전에 시험을 잘 치를 수 있도록 사랑의 약 봉투를 만들어 줌으로써 아이들에게 용기를 북돋워 준다.

사랑과 믿음이 가득한 약 봉투

오랜만에 담임을 맡게 되어 힘든 점도 많았지만 새삼 담임에 대한 나의 열정을 느끼게 된 한 해였다. 위의 활동들을 해 나가면서 서로 조금씩 양보하고 돕고 배려하는 긍정적인 학급 분위기가 형성되고, 그 안에서 하루하루 성장해 가는 아이들을 볼 수 있어 행복했다.

학급경영에
마법 같은 비법은 없다

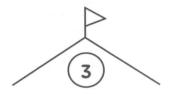

최선경 서동중학교 선생님

2022년 12월 뜻깊은 상을 하나 받았다. 늘 아이들에게 상을 주는 입장에만 있다가 전 교직원 앞에서 상을 받으니, 얼떨떨하기도 하고 학창 시절로 돌아간 듯한 느낌도 받았다. 대구에는 동료 교사나 학생, 학부모가 추천하는 '아름다운 선생님 상'이 있는데, 익명의 학부모님이 나를 추천해 주셔서 상을 받게 되었다. 몇 해 전 동료로부터 추천을 받아 상을 받았을 때 못지않게 기쁨이 컸다. 학부모 추천 내용을 살펴봤는데, 지난 1년 우리 반 학급경영 활동 하나하나의 의미를 잘 짚어 주셨다. 내가 참 복이 많다 싶고, 앞으로 더 겸손하게 더 나누며 살아야겠다고 생각하였다.

아름다운 선생님

아이들의 성장 과정에서 중학교 1학년은 그 의미가 남다르다고 할 수 있습니다. 초등학생의 껍질을 벗고 어엿한 청소년으로 변하는 시기인데, 이 시기에 곁에서 어떻게 지도해 주느냐에 따라서 앞으로 남아 있는 중학교 시간과 앞으로 다가올 고등학교 시간의 큰 틀이 만들어진다고 생각합니다. 그런 의미에서 최선경 선생님께서 지도하는 교육의 방향은 학생들에게 목표 의식과 도전 정신을 심어 주기에 더할 나위 없다고 생각합니다.

우선 선생님께서 내주시는 〈성
장 일기〉 과제는 아이들 스스로가
매일 성찰의 시간을 가지게 합니
다. 아울러 그날 배우고 익힌 것에
대한 복습과 더불어 감사 일기를
통해 주위에 대한 고마움을 깨닫게
하는 데 아주 큰 도움을 주는 것 같습니다.

그리고 요즘 학생들은 과거와는 달리 일기를 쓰는 등 글짓기하는 모습을
좀처럼 보기가 힘든데, 선생님께서는 〈자작자작〉 사이트를 통해서 학생들에
게 글짓기할 수 있는 기회를 마련해 주십니다.

다음으로 말씀드릴 것은 선생님께서는 스마트 기기에 적응이 되어 있는
요즘 학생들을 위해서 스마트 기기를 적극적으로 활용하는 맞춤 수업을 하
고 계십니다. 이런 방법은 학생들이 공부에 대한 흥미를 가지고 집중할 수 있
게 합니다. 이렇듯 최선경 선생님께서는 학생들의 바람직한 성장을 위한 다
양한 노력들을 하고 계시기에 아름다운 선생님으로 추천합니다.

추천인: 학부모

학생들에게 '아름다운 선생님 상' 수상 소식을 전하다 문득 성장 일기에 대한 학생
들의 생각이 궁금해졌다. 단톡방을 통해 학생들의 의견을 물어보았다. 그랬더니 성장
일기를 통한 하루 성찰과 감사 일기 쓰기에 대해 긍정적인 의견을 많이 보내 주었다.

– "성장 일기를 쓰면 그날그날 배운 내용을 언제든지 볼 수 있어서 다른 과제를 할
때 도움이 되었고, 감사 일기를 쓸 때는 사소하더라도 뭐든지 감사한 것을 떠올리는

게 도움이 되었고, 감사한 것들을 생각해 보면서 기분이 좋아졌습니다!"_이○○

– "학기 초반에 성장 일기를 쓸 때는 귀찮기도 하고 뭘 적어야 할지 모르겠어서 어려움이 있었는데 시간이 지날수록 점점 내 하루를 되돌아보며 성찰할 수 있어서 좋았고 날 조금 더 알게 된 것 같다. 또한 감사 일기를 쓰면서 사소한 것에 감사하는 마음을 가질 수 있어 긍정적인 사고로 학교생활을 할 수 있었고 수업한 내용을 간단하게 요약해서 적으니 머릿속에서 정리가 되어 좋았다. 1년 동안 성장 일기 쓰고 성장 일기를 펴 보니 열심히 썼다는 것에 뿌듯하기도 하고 얇은 책 한 권으로 나의 중학교 1학년 동안의 학교생활을 되돌아볼 수 있어서 소중히 보관할 것 같다."_박○○

당장은 교사나 학생 모두 귀찮을 수 있는 활동이지만, 교사가 교육적 철학을 가지고 꾸준히 하다 보면 학생과 학부모로부터 신뢰를 얻을 수 있음을 확인하는 기회가 되었다. '아름다운 선생님 상'과 관련된 학급경영 팁 몇 가지를 추가로 정리해 본다.

1. 끊임없이 피드백 주기

학기 초부터 방학식을 하는 날까지 우리 반 아이들은 '오늘의 한 줄'을 적고 성장 일기를 작성했다. 한번 하기로 정한 규칙이나 루틴은 끝까지 밀고 나가야 한다. 교사로부터의 피드백이 없으면 학생들은 움직이지 않는 경우가 많다.

깨진 유리창의 법칙이 있다. 깨진 유리창 하나를 방치해 두면 그곳을 중심으로 범죄가 확산된다는 이론으로, 사소한 무질서를 방치하면 큰 문제로 이어질 가능성이 높다는 것이다. 학급경영도 마찬가지다. 간단한 예로, 교실 바닥에 쓰레기가 하나둘 굴러다니기 시작하면 금세 교실 전체가 지저분해진다. 나아가 교실 정리가 안 되어 있으면 아이들의 마음가짐이나 행동도 흐트러지는 경우가 많다. 사소하다 여길 수 있는 청소이지만, 이를 제대로 하면 아이들 대부분의 생활 습관을 바로잡을 수 있다. 거창한 학급 이벤트를 하지 않아도 좋다. 사소한 것 하나라도 교사가 끊임없이 피드백을 주며 끝까지 밀고 나가는 것이 중요하다.

2. 학생들이 주체적으로 참여하고 타인에게 기여할 수 있는 기회 주기

멘토·멘티 활동, 플라스틱 병뚜껑 모으기 등 학생들이 책임감을 갖고 스스로 노력할 수 있도록 다양한 활동을 해 보았다.

이전에도 종종 해 온 방법이지만, 지난해에도 학년 전체에서 중간고사와 기말고사 전 시험 대비를 위한 멘토·멘티 활동을 진행했다. 모든 학생들이 한번은 멘토 역할을 수행하도록 했다. 수업 시간에 무기력했던 학생들까지도 자신이 맡은 수업 분량을 책임감 있게 정리해 오는 모습이 인상적이었다. 점심시간에 복도 순회를 하다 보면 점심시간인지 수업 시간인지 분간이 안 될 정도였다. 학생들이 주도적으로 무언가를 할 때 몰입이 자연스럽게 일어나는 현상을 관찰하며, 학교 교육과정 모든 곳에서 이런 자발성을 끌어낼 수 있다면 좋겠다는 생각을 했다.

 − "처음에는 중학교 첫 중간고사, 기말고사에 어떻게 대비해야 할지 막막했는데, 멘토·멘티 활동을 하면서 시험 범위 내용이 머릿속에 더 잘 들어왔습니다. 그 덕에 제 시험 성적도 제 기대만큼 잘 나온 것 같습니다."_박○○의 멘토

| 단톡방으로 의견 수렴 | 점심시간 멘토·멘티 활동 | 자료 정리 |

우리 학급뿐 아니라 전교생이 플라스틱 병뚜껑 모으기 운동을 한 것도 기억에 남는 활동이었다. 코로나 방역을 이유로 학교에서 정수기를 사용할 수 없게 되자 학교에 일회용 생수병 쓰레기가 늘어났다. 안타까운 마음에 환경보호를 위해 병뚜껑 모으기 운동을 해 보자는 의견을 냈고, 반장과 부반장이 주축이 되어 반마다 병뚜껑 모으

단톡방 안내	병뚜껑 모으기	색깔별로 분류

기 운동에 동참했다. 그렇게 모은 병뚜껑은 '플라스틱 방앗간'이라는 사회적협동조합에 기증했다.

이렇게 학생들이 자신의 행동 하나하나가 타인에게 좋은 영향을 준다는 깨달음을 얻는다면 보다 긍정적이고 적극적으로 학교생활을 하지 않을까 하는 기대를 해본다.

3. 우리 반 학생들의 소속감과 자존감 높이기

'우리 반 이름', '내 꿈 명함' 만들기 활동을 진행했다. 이러한 활동은 학기 초 학생들 간 서먹한 관계가 어느 정도 해소된 후인 4, 5월에 해 볼 것을 추천한다.

나는 2021년부터 매년 우리 반 이름 공모전을 진행했다. 학생들이 의견을 내고 투표를 통해 우리 반 이름을 정했는데, 2022년에는 '샛별반'이 선정되었다. 샛별반은 장

샛별반의 탄생	샛별반 100일 파티와 샛별반 3행시

꿈 명함 들고 인증샷   꿈 명함 나누기

래에 큰 발전을 할 사람을 비유한 말로, 우리 반 친구들 모두 미래에 별처럼 세상을 밝혀 보자는 의미로 반장이 제안한 이름이다. 이렇게 우리 반 이름을 정하는 활동을 통해 우리 반이 추구하는 가치와 방향을 정할 수 있고, '우리는 하나'라는 공동체 의식, 소속감을 느끼게 되어 좋았다.

꿈 명함은 모 회사의 꿈지기 캠페인에 응모하여 학생들 한 명, 한 명에게 꿈 명함을 만들어 준 활동이다. 학생들이 서로 명함을 나눠 가지면서 자신의 꿈에 한 걸음 접근하는 모습을 엿볼 수 있었다. 학생들에게 한 통씩 명함을 나누어 주니, "이만큼 다 주는 거예요? 그런데 이거 어디에 써요?" 하던 아이들이 다른 반 친구들과 선생님들께 "미래에 CEO를 꿈꾸는 김○○입니다."라며 자신의 명함을 건네는 모습이 정말 사랑스러웠다.

66일 프로젝트와 고래카드 활용기

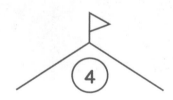

이경희 심원고등학교 선생님

2019년에는 운이 좋아 훌륭한 아이들을 만났다. 앞으로도 다시 만나지 못할 좋은 아이들이다. 이 아이들은 내가 하려는 일을 세심하게 살피고 받아들여 행동으로 옮겼다. 참 신기한 이 아이들과 1년 동안 중점적으로 했던 활동들을 소개한다.

1. 프리즘 카드 활용 : 3월 수업 첫날 자율 시간

1) 준비물 : 프리즘 카드 2세트, 질문 리스트, 포스트잇, 색깔 펜

2) 질문 리스트 예시

(1) '나'를 소개하고 서로를 이해하는 계기를 마련하는 질문

　　– ○○고에 들어오기 전 가졌던 ○○고의 이미지는?

　　– ○○고의 첫인상은?

　　– 우리 반의 첫인상은?

　　– 내가 가장 잘하는 것은?

　　– 어린 시절 가장 행복했던 순간은?

(2) 과목에 대한 인상과 수업에 대한 기대를 나누는 질문

　　– 영어 하면 떠오르는 이미지는?

　　– 영어 시간에 이것만은 안 했으면 또는 꼭 했으면 하는 것은?

　　– 가장 기억에 남는 영어 수업은?

(3) 진로 수업에서 활용할 수 있는 질문

　– 시간 가는 줄 모르고 몰입한 경험은?

　– 유튜브로 자주 보는 영상은?

　– 10년 뒤 내가 꿈꾸는 나의 모습은?

　– 어린 시절 칭찬을 받았던 기억은?

　– 아무것도 안 해도 되는 1주일이 주어진다면?

　– 내가 꿈꾸는 행복이란?

3) 방법

　(1) 프리즘 카드 2세트를 모둠 6개(혹은 7개)에 골고루 나눠 준다.

　(2) 질문을 듣고 그 답에 맞는 이미지를 고른다.

　(3) 고른 이미지에 어울리는 말을 포스트잇에 적고 이유를 간단히 모둠 안에서 공유한다.

　(4) 모둠별로 가장 인상적인 이미지를 하나씩 고른 뒤 반 전체에 공유한다.

　(5) 질문을 몇 개 더 하며 앞의 과정을 반복한 후 칠판에 포스트잇을 카테고리별로 묶어 시각화한다.

2. 고래카드 활용 : 급훈 정하기, 어버이날 편지 쓰기

1) 준비물 : 고래카드, 포스트잇, 편지지와 봉투

2) 급훈 정하기

(1) 모둠별로 고래카드를 나눠 주고 각자 우리 반에서 꼭 지켜야 할 가치를 고른다. 모둠에서 한 명씩 자신이 고른 가치를 소개한 후 모둠별로 하나의 가치를 정한다. 모둠에서 정한 가치를 칠판에 적고 그 이유를 반 전체와 나눈 후 토의를 통해 급훈을 정한다.

(2) 각자 정한 가치는 한 달간 책상 오른쪽 위에 붙여 놓게 하고, 이를 학부모 총회 때 활용한다. 교실에 오신 부모님께 자신의 자녀가 골랐을 것 같은 것을 찾아 그 자리에 앉아 보라고 하니 어려울 것 같은데 대부분 맞추었다. 정말 신기했다.

3) 어버이날 편지 쓰기

모둠별로 고래카드를 나눠 주고 부모님이 이제껏 강조하신 가치를 생각해 보고 그 가치를 골라 선택한 단어를 포스트잇에 그림이나 나만의 언어로 설명한다. 그리고 그 가치를 실천하기 위한 계획이나 다짐도 적는다. 포스트잇을 편지지에 붙이고 감사 편지를 써서 봉투에 넣는다.

3. 교과 선생님들께 롤링 페이퍼 선물하기 : 학기 말

2차 고사가 끝나자마자 아이들에게 먼저 교과 선생님들께 감사함을 표현할 기회를 갖겠냐고 물었다. 모두들 동의해 줘서 각 과목 교과부장을 불러 책임지고 성실하게 작성을 유도하라 했다. 다만, 롤링 페이퍼는 교원평가가 아니니 부정적인 내용은 쓰지 말고, '선생님 사랑해요', '선생님 예뻐요'가 아니라 '선생님 수업 중에 어떤 것이 좋았어요'라고 구체적으로 쓰는 게 좋겠다고 안내했다. 교과 선생님들이 많이 감동하셔서 나중에는 아이들이 "선생님, 롤링 페이퍼 하길 잘했어요!" 하며 더 뿌듯해 했다.

4. 66일 프로젝트 : 개인별, 모둠별, 학급별 3번의 도전

66일 프로젝트의 시작은 공부의 신 강성태의 66일 습관달력이었다. 나는 직접 강연으로 만났고 아이들은 창특 시간을 활용해 세바시를 보여 줬다. 각자 보고 오라고 단톡에 올렸던 선생님이 안 보고 온 아이들이 더 많더라고 이야기하는 것을 듣고 같이 보는 방식을 택했다.

세바시 강연이 끝날 때쯤 프린트한 종이를 나눠 줬다. 그리고 본인이 하고 싶은 것을 정하게 했다. 바로 정한 아이들도 있었고 생각할 시간이 필요한 아이들도 있었다. 학부모 상담 때 부모님들께도 가족 모두 같이 시작해 보시라고 제안했다.

66일 프로젝트를 시작하기 전 바른생활부원 4명에게 반 아이들 22명을 번호로 끊어서 5~6명씩 배정했다. 그리고 66일 달력을 관리하도록 스티커를 배부했다. 매일 아침 아이들은 인사를 나눴다. "○○야, 어제 했어?" "○○아, 66일 했어?" 그러면 "응!" 하고 활기차게 대답하는 아이도 있고, "아니, 어제 너무 피곤해서 잠들었어."라고 변명을 늘어놓는 아이도 있었다. 나는 중간중간 바른생활부원들을 통해 진행 상황을 점검했다. 잘 지키지 못하고 있는 아이들은 따로 불러서 이유도 물어보고 목표를 바꾸고 싶은지도 물어봤다. 시험 기간에는 잠시 유예하고 여름 방학 기간에는 각자 양심에 맡겼다. 결과는 당연히 잘 지킨 아이들도 있고 아닌 아이들도 있었다. 다 지키면 피자를 먹기로 했었는데 너무 아쉬웠다.

2학기에는 모둠별로 66일 프로젝트를 시작했다. 각자 하고 싶은 것을 적어 내라고 한 후 같은 카테고리로 묶어 모둠을 만들었다. 시작부터 같이 하기로 한 아이들도 있었다. 모둠은 독서실에서 1시까지 있기, 지각하지 않기, 수업 시간에 자지 않기, 복습하기, 운동하기 5개로 정리되었고, 리더와 모둠의 이름도 정했다. 지키지 않으면 어떻게 할지 모둠 안에서 정하라고 하니 대부분 벌금을 걷기로 하고 벌금은 기부를 하거나 과자 파티를 하겠다고 했다. 인증하는 방법도 대부분 모둠별 단톡방에 인증샷 올리기로 정해졌다. 중간에 인증샷을 올리는 것을 깜박해서 사소한 문제가 생기기도 했는데, 중요한 것은 인증샷이 아니라 실제로 했는지라고 조언해 주었다. 그리고 모둠에서 문제가 발생하면 리더를 중심으로 회의를 통해 해결하라고 제안했다.

우리 반의 66일 프로젝트를 지켜보던 학교에도 변화의 바람이 불었다. 다른 반에서도, 교무실 선생님들도 함께하기로 한 것이다. 나는 만보 걷기를, 옆 선생님은 집에 있는 아이들에게 화내지 않기, 9시 이전에 핸드폰 하지 않기를 목표로 정했다. 만보 걷기를 시작하면서 내 삶도 조금씩 변했다. 아이들이 "엄마 몇 보 남았어?"라고 물어보기도 하고 내가 만보를 채우기 위해 저녁에 산책 나가는 것을 흔쾌히 인정해 줬다. 선생님들끼리도 서로 66일 프로젝트를 챙겨 줬고, 교무실에는 인증판 11개가 붙었다. 학생들도 왔다갔다하며 선생님들의 습관 만들기를 지켜봤다.

모둠별 66일 프로젝트도 끝이 나고 벌금도 다 걷었다. 반장에게 학급에서 할 66일 프로젝트 습관을 정하라고 하고, 교무실에서 결과를 기다렸다. 잠시 후 반장이 회의를 통해 '욕 안하기'로 정했다는 소식을 전했다. 그래서 바른생활부원 중 남학생 한 명, 여학생 한 명을 정해 우리 반 명렬표를 줬다. 누가 욕을 하면 이 학생들에게 제보하는 시스템을 만들었는데 학교 안에서나 밖에서나 24시간 제보가 가능한 것으로 했다. 아이들은 이번에도 벌금을 정했다. 한 번 욕을 할 때마다 500원. 처음에는 아이들이 너무 힘들어했는데 점점 적응되어 가는 모습을 보니 흐뭇했다. 아무 생각 없이 습관적으로 내뱉던 욕들의 문제점에 대해 스스로 생각하는 계기가 된 듯하다.

3번의 66일 프로젝트를 진행하면서 가장 많이 들었던 이야기는 "안 지키면?" "그 다음에는?"이었다. 사실 나도 성실한 사람이 아니라 매일 무언가를 반복한다는 게 참 어렵다. 그래서인지 아이들에게도 꾸준히 지켰으면 좋겠다고 이야기는 하지만 집요하게 추궁하진 않았다. 하지만 개인별, 모둠별, 학급별로 66일 동안 무언가를 꾸준히 실천하면서 재미도 느끼고 좌절도 느끼고 친구들도 챙기고 문제 해결도 하면서 무언가를 깨달았길 바란다.

우리 가족의 경험도 66일 프로젝트의 계기가 되기도 했다. 언젠간 TED 강연 중 'Try Something New for 30 Days'를 인상 깊게 보고 한 달 동안 각자 도전할 것을 정했다. 결과는 우리 아이들이 제일 잘 지켰는데 아이들이 느낀 뿌듯함과 성취감이 정말 대단했다. 이것을 보고 학생들과도 한번 해 보고 싶어 도전한 것이 바로 66일 프로젝트다. 내 제안을 받아들이고 열심히 참여해 준 학생들과 동료 교사들에게 참으로 감사하다.

'생각을 7하는' 학급경영

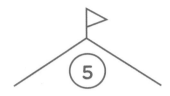

최선경 서동중학교 선생님

나는 보통 담임을 맡으면 우리 반만의 다양한 특색 활동을 하는 편이다. 코로나 19로 인해 많이 축소되긴 했지만 지난 한 해도 학생들과 다양한 활동을 했다. 2021년 학급경영 내용을 정리해 보려고 한다.

1. 3학년 7반 학급문집 『생각을 7하다』 출간하기

1년간 학생들의 성장 과정을 책으로 엮어 낸 것이 2021년 학급경영의 가장 큰 수확이다. 작가를 꿈꾸는 6명 학생이 주축이 되어 올 한 해 3학년 7반 친구들의 성장 스토리를 '생각을 7하다'라는 제목으로 엮었다. 이 책은 '오늘의 한 줄로 생각을 나누다, 마음 가는 대로 쓰다, 미래를 그려 보다, 지역 영웅에게 배우다, 배운 대로 실천하다, 그림으로 추억을 칠하다, 우리들의 과정을 그리다' 총 7개의 장으로 구성되어 있다. 3학년 7반의 한해살이를 7가지 색으로 칠해 본 것이다. 아이들의 생각을 그저 글만이 아닌 다양한 방식으로 그려 보려 시도했다. 학생들이 훗날 힘들 때마다 이 학급문집을 꺼내 보며 자신이 누군가에게 환대받았던 기억을 떠올리고 힘을 얻길 바란다.

한편 대구광역시교육청에서 주최하는 '2021 대구 학생 책 축제 영상 공모전'에 『생각을 7하다』를 소개하는 영상을 제출하여 동상을 받기도 했다. 영상에는 각 장 소개와 그간의 준비 과정을 담았다. 제목, 목차, 책에 들어갈 내용을 구상하고 반 친구들에게 글을 받고 선생님과 아이디어 회의를 하는 그 모든 노력을 영상에 담았다. 책이 완성되는 과정을 영상으로 만드는 이 과정 또한 뿌듯했다.

1) 『생각을 7하다』 소개

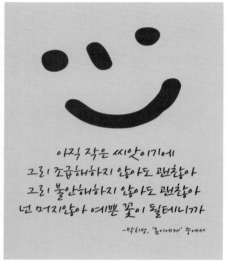

『생각을 7하다』 앞표지와 뒤표지

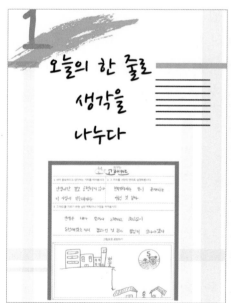
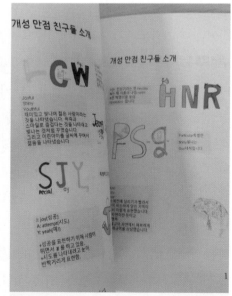

『생각을 7하다』 본문

2) 『생각을 7하다』 영상

2021 대구 학생 책 축제 영상 공모전 응모 영상

영상에 달린 댓글

동상 수상

3) 우리끼리 출간 기념회

출간 기념 촬영

『생각을 7하다』를 살펴보는 아이들

『생각을 7하다』 소개 영상

『생각을 7하다』 출간 기념회 안내문

4) 『생각을 7하다』 출간에 대한 학생들의 소감

『생각을 7하다』 출간 소감

‒ 책을 만들어 보는 것이 처음이라서 값진 경험이 되었고 우리가 만든 책이 후에도 3학년 7반의 좋은 추억으로 남을 것 같아서 좋다.

‒ 내가 쓴 글이 책으로 나와 있는 것도 신기하고, 생각보다 내 글들이 많이 쓰여 있는 것도 놀라웠다. 책에 우리 반 사진도 나와서 나중에 보면 추억일 것 같다.

‒ 나는 3장이 가장 마음에 든다. 각자의 장래희망이 적혀 있어서 누가 어떤 꿈을 가지고 있는지 알게 되어서 좋았다.

‒ 가장 마음에 드는 파트는 친구들의 장래희망에 대해 소개한 부분이다. 환경을 위해 실천한 모습을 보고 나도 환경을 위해 작은 일이라도 해야겠다고 느꼈다.

‒ 우리 반이 1년 동안 한 것을 모아서 보니 우리가 이런 것도 했구나 하는 생각도 들고 옛날 생각도 나서 좋았다.

‒ 가장 마음에 와닿는 문장은 26쪽에 "Love myself라는 말이 있듯이 끝까지 나를 아껴 주고 보살펴 주는 건 나 자신밖에 없다."라는 문장이다.

‒ 이때까지 했던 활동들을 이렇게 전부 책에 담아 내니 재밌기도 하고 되게 많은 걸 했단 생각이 들었다.

‒ 친구들의 다양한 생각이 골고루 다 포함되어 있어서 좋았다. 한글날 글쓰기, 자유 주제 글쓰기 파트가 가장 마음에 든다.

‒ 우리 반 아이들이 꿈과 직업 등 여러 가지 주제로 쓴 글을 읽어 보니 새로 알게 된 것도 있었고 나한테 도움이 되는 내용도 있어서 유익한 책이라고 생각한다.

2. 책을 읽고 와닿는 글귀 패들렛에 남기기

'독서로 하나 되는 우리 반'을 모토로 진행한 활동이다.

1) 방법

(1) 아침 자습 시간, 점심시간 등을 활용하여 책을 읽게 한다.

(2) 매일 읽은 분량에 대한 소감을 남기거나 한 권을 완독한 후 그 책에 대한 소감을 남기도록 한다. 소감은 책 제목과 오늘 읽은 페이지, 읽은 내용 중에 가장 와닿는 문장 하나 이상 쓰기, 자신의 생각 쓰기로 구성하여 쓴다. 완독한 후에는 그 책에 대한 서평을 쓴다.

패들렛에 남긴 소감들

2) 효과

(1) 학기 초부터 지속적으로 책을 읽게 함으로써 면학 분위기를 조성할 수 있다.

(2) 자신의 꿈을 이룬 인물들의 책을 선택하면 진로 지도, 인성교육이 자연스럽게 이루어진다.

3. 인증밴드 활용하여 공부 습관, 환경을 위한 실천 인증하기

인증밴드를 개설하여 학생들에게 인증 규칙을 안내하고 참여를 독려한다. 매달 인증 우수자에게는 선생님이 소정의 상품을 제공한다.

1) 매일 환경 위기 극복을 위해 실천한 내용을 사진과 함께 인증한다.

2) 매일 책을 읽고 마음에 와닿은 한 줄을 사진과 함께 인증한다.

3) 집에서 공부한 내용을 사진으로 인증한다. 이때 직접 노트에 필기한 것만 인정한다.

인증을 확인하는 아이들

환경을 위한 실천 인증샷

착한 학급 선정 프로젝트

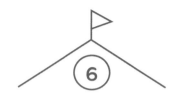

이용걸 대구보건고등학교 선생님

다양한 사회 불평등을 교과서에서 학습하는 것에 머무르지 않기를 바라는 마음에서 고등학생이 사회적 약자를 도울 수 있는 프로젝트를 진행해 보았습니다. 나눔과 배려가 특별한 사람이나 부자들만의 전유물이 아니라는 것을 깨닫게 해 주고 싶었습니다. 기획, 홍보, 실천하는 모든 과정은 학생들이 자율적으로 진행하였고, 저는 조력자의 역할만 담당했습니다. 모두 4가지 활동을 전교생을 대상으로 실행했습니다.

1. 칭찬 나무 만들기

중앙 현관에 있는 (가칭) 칭찬 나무에 칭찬하는 내용을 적은 메모를 매달았습니다. 함께 생활하는 친구들과 교사들에게 칭찬을 함으로써 경쟁 중심의 학교 공동체가 아니라 더불어 살아가는 학교 공동체의 구성원으로서 서로를 인정하는 문화를 형성하는 데 기여할 수 있을 것이라고 생각합니다.

칭찬 나무 홍보물

2. 헌혈증 기부하기

소아암 환우를 위해 헌혈증을 모아 기부했습니다. 경제적인 능력이 부족한 고등학생들이 자신이 할 수 있는 방법을 찾아 어려운 이웃을 돕는 이런 경험은 기부의 즐거움을 깨닫게 하여 미래에도 작더라도 기부를 계속할 수 있는 성인으로 성장할 수 있게 만들 것입니다.

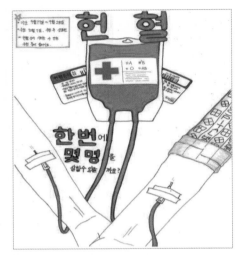

헌혈증 기부 홍보물

3. 아름다운 가게 물품 기부하기

내가 사용하지는 않지만 사용 가능한 물품을 모아 필요한 이웃들에게 기부했습니다. 기부 가능한 물건과 불가능한 물건을 구분할 수 있는 분별력을 가지게 되고, 기부하는 즐거움을 느껴 기부하는 성인으로 성장할 수 있기를 기대합니다.

4. 착한 학급 선정하기

앞의 3가지 활동에 가장 적극적으로 참여한 학급을 '착한 학급'으로 선정했습니다. 착한 학급으로 선정된 반은 교실에 현판을 붙여 주었습니다. 해당 학급

아름다운 가게 물품 기부 홍보물

의 학생들이 뿌듯함을 느껴서 앞으로도 기부 등 이웃을 위한 여러 가지 활동을 할 수 있을 것입니다.

프로젝트를 마치고 그 과정과 결과를 정리해 보았습니다. 3학년 중간고사와 추석

연휴가 겹쳐서 실질적으로 홍보할 시간이 2주에 불과했습니다. 또 헌혈은 18세 생일이 지난 학생들만 가능해서 참여 가능 학생 수가 적었습니다. 그러나 칭찬 나무 만들기는 전교생 약 1,000명 중 283명이 참가했고, 헌혈증 기부하기는 79명이 참가하여 헌혈증 105장을 모을 수 있었습니다. 아름다운 가게 물품 기부하기는 32명이 참가하여 135점의 물품을 기부받았습니다. 프로젝트 활동을 하면서 학생들은 스스로 전단지와 포스터 등 홍보물을 제작하고 교내방송도 하였습니다. 자신들의 소중한 쉬는 시간을 기꺼이 다른 사람들을 돕는 데 사용하는 학생들을 보며 뿌듯하기도 하고 보람되기도 했습니다.

어른들은 "이웃을 돕는 마음 따뜻한 사람이 되어라!", "다른 사람을 배려해라!"라고 자주 이야기합니다. 하지만 아이들은 그 말들을 실제로 어떻게 실천해야 할지는 배우지 못합니다. 그래서 학생들이 실천하지 못하고 있는 것은 아닐까 하는 생각이 들었고, 그 방법을 알려 주고 경험하게 해 주고 싶었습니다. 아이들이 12년 동안 학교생활을 하면서 기부(나눔)의 경험을 자주 할 수 있다면, 지금보다 아주 조금은 사회가 따뜻해지지 않을까 생각해 보았습니다.

그리고 프로젝트를 하면서 가장 인상 깊었던 점은 학급 활동은 교사가 어떻게 디자인하느냐에 따라 같은 주제라도 완전히 다른 결과를 가져온다는 것입니다. 또한 학생들을 믿고 그들이 활동할 수 있는 환경을 잘 조성해 준다면 기대 이상의 결과를 가져올 수 있다는 사실도 깨달았습니다. 프로젝트를 마무리하며 아이들에게 3학년이 되었을 때 다시 하자고 제안하자 밝게 웃으며 그렇게 하겠다던 모습이 참 예뻐 보였습니다. 아이들이 참 고맙습니다.

모모씨를 부탁해! 고전 읽기

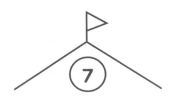

최선경 서동중학교 선생님

중학교 1학년 담임과 함께 학년부장도 맡게 되면서 생활 지도에 대한 부담과 고민이 컸다. 1학년에는 모두 10개 반 233명의 학생들이 있는데, 벌써 몇 해째 끝나지 않고 지속되는 코로나로 2, 3학년과 1학년 점심시간을 분리해서 운영 중이다. 그렇다 보니 2, 3학년 5교시 수업 시간이 1학년 점심시간이라서 다른 학년에 방해되지 않게 정숙을 유지해야 하고, 점심시간 내내 1학년 담임교사들이 교실에 머물면서 학생들을 지도하고 있다. 문득 '이왕 흘려보내는 점심시간, 좀 더 의미 있게 보낼 수는 없을까?' 하는 고민에 빠졌다.

"선생님, 이거 학교폭력 아니에요?"

흔히 있는 학생들의 문의이다. 실제로 아주 작은 말다툼까지 학교폭력 사안으로 보는 학생들이 적지 않다.

"○○이가 맨날 저한테 시비 걸어요. 저한테만 맨날 그래요. 예전부터 계속 그랬어요."

이런 이야기도 자주 듣는다.

중학교 1학년 학생의 경우, 초등학교 때부터 감정의 골이 깊은 관계가 중학교까지 이어지는 경우가 종종 있다. 한번 나빠진 관계는 개선될 수 없는 것인가? 관계 개선을 위해서는 타인을 배려하고 존중하는 마음이 당연히 필요하지만, 먼저 학생들 각자의 자아존중감이 높아져야 한다. 자신이 먼저 단단해야 다른 사람을 이해할 마음의

행복한 교사가 행복한 교실을 만든다 - 중등 학급경영

여유도 생기는 것이다. 그렇다면 자아존중감은 어떻게 높일 수 있을까? 작은 성공 경험을 통해 성취감을 높여야 한다. 타인에 대한 배려는 말로만 되는 것이 아니라 진정한 공감이 바탕이 되었을 때 가능하다.

"선생님, '피상적인'이 무슨 뜻이에요?"

"선생님, 필자가 누구예요?"

'superficial'이라는 단어의 뜻을 영어사전에서 찾고도 질문을 하는 학생, '위 글의 필자의 심정으로 알맞은 것은?'이라는 단원평가 문제를 풀다 말고, '필자'가 등장인물이라도 되는 양 질문을 하는 학생…. 어이가 없어 웃어넘기기에는 슬픈 현실이다. 영어 수업을 하다가 우리말 공부를 해야 하다니.

문해력 저하는 결국 관계의 문제로까지 이어질 수 있다. 실제로 친구들 간에 즐겁게 시작한 대화가 오해와 다툼으로 끝나는 경우가 빈번하다.

고민 끝에 이런 문제들을 총체적으로 해결해 줄 실마리를 '점심시간에 고전 읽기'에서 찾았다. 아침 자습 시간이 10분밖에 안 돼서 책을 읽기에 너무 짧아 마땅치 않았는데 점심시간을 활용할 수 있으니 잘됐다 싶었다.

무작정 책부터 읽으라고 하기보다는 고전과 친해질 수 있는 시간이 필요할 것 같아 영상을 활용해 보기로 했다. 학생들이 고전을 읽고 줄거리를 파악하는 데 그치는 것이 아니라, 책 속 등장인물의 상황에 공감하고 등장인물이 처한 문제의 해결책을 고민해 보는 과정을 거쳐, 학생들이 실제로 자신의 삶에 적용하여 문제해결력을 키우기를 바랐다.

점심 시간에 고전 영상 시청하는 모습

고전(古典)은 오랫동안 많은 사람들에게 널리 읽히고 모범이 될 만한 문학이나 예술 작품을 말한다. 시대가 바뀌어도 끊임없이 모방되고 재창조되며 후대 작품을 이해하는 데 도움을 준다. 고전은 지식과 정보는 물론이고 옛사람들의 지혜와 통찰력을 담고 있다. 고전을 통해 현재와 미래를 살아갈 교훈을 얻고 질문을 통해 사고력을 높일 수 있다. 지혜와 통찰력을 기를 수 있다. 주입식 교육이 아닌 학생들의 잠재력을 끄집어내고 문제해결력을 향상시킬 수 있는 교육을 강조하고 있는 현 시점에 꼭 필요한 교육의 하나라는 확신이 든다.

하루 5분, 10분 책을 읽는다고 뭐가 크게 달라지겠냐고 생각할지 모르지만, 15분을 집중해서 읽으면 책 20쪽가량을 누구나 읽을 수 있다. 이렇게 네댓 번 책을 읽으면 80~100쪽을 읽게 된다. 가벼운 책 한 권을 뚝딱 읽게 되는 것이다. 방과 후에도 학원 가기 바쁜 학생들의 시간을 고려해 아침 자습 시간, 점심시간, 쉬는 시간을 활용해 하루 15분 책 읽기를 실천해 보았다.

온책 읽기와 독후 활동

복도 게시판에 책에 대한 자신의 의견을 붙이고 있는 학생

지혜로운 삶을 위한 '하루 5분 고전 읽기'

1학년 (|)반 (|)번 이름 (▓▓▓)

★ '하루 5분 고전 읽기'를 통해 기대하는 점은? 고전을 읽기 전과 후에 나는 어떻게 달라져 있을까요?

고전 읽기를 통해 내가 견문이 넓어지는 자세를 살 수 있을 것 같다.

날짜	책 제목	저자	영상을 통해 이 책에 대해 알게 된 사실	기억에 남는 문구/ 영상을 보고 느낀 점
5.23.	어린왕자	앙투안 드 생텍쥐페리	어린왕자의 함께 한마리 재규에미 허구에게 길들인다는 자도 관계를 맺는다는 셈 알게 되었다 그리고 어린왕자에게 코끼리를 알게 되었다	"마음의 눈을 뜨기 못해 진정한 아름다움을 볼 못하는 시대, 들 있는 관계를 기들 줄 모르고 그 관계에 대한 책임 있고 사는 시대" "그 시절의 순수한 좋은 기억하면 사막이 예쁜 것"
5.24.	데미안	헤르만 헤세	읽는 것을 사랑하고 외우는 새들과 결별하나 나 자신을 알 수 있다는 것을 알게되었다 이 책이 세상은 함께에게 어서 쓰러진 것이라는 것 알게 되었다. 한사람이 추억하는 통과의례라는 것을 빛내지었다.	"태어나려고 하는 자는 한 세계를 깨 뜨려야 한다" "알을 깨고 태어나는 것은 늘 알들고 그 길이 아름답기도 한다"
5.25.	톰 소여의 모험	마크 트웨인	이 책이 마크 트웨인이 의해 쓰였다는 것을 알게 되었다. 미시시피 강 새녁을 좀 한 면서라는 것을 알게되었다 이 작품은 티 많이 순수한 외계적 신앙심가 먹려내 대한 현재라는 사실을 알게 되었다.	"그 싱그런 시절로 오늘 다시 돌아갈수 있겠는가" 나도 이 영상을 보고 톰 소여처럼 모험하고 모험을 해 보고 싶다는 생각이 들었다
5.26.	이상한 나라의 앨리스	루이스 캐럴	수학자이자 논리학자가 루이스 캐럴이라는 활명으로 이 작품 쓴들었고, 이상한 나라가 지금 우리가 사는 현실 세계를 표현했다는 것을 알게 되었다.	현실 세계가 이상한 나라 비슷하다고 느꼈습니다
5.27.	로빈슨 크루소	대니얼 디포	이 책이 흥미에 대해서 알게 되었고, 이 책을 대니얼 디포가 썼다는 것을 알게 되었다 이 책이 이전에 인기 있었고 대니얼 디포가 이 책을 통해 희망과 성공에 이룰지는 뜻이 있다는 것 알게	"고립과 단절, 그리고 고독 1공인된 유토피아 로빈슨 크루소에게 무인도는 스무고 간절에서 벗어나 나 자유를 구가하던 첫는 "사무키 섬"이고, "명의 섬"이다
5.30.	빨간 머리 앤	루시 모드 몽고메리	이 책이 루시 모드 몽메리에 의해 쓰였다는 것 알게 되었고, 한 소녀의 성장 과정을 본 소설이라는 것 알게되었다	사람은 어떻만 무겁면 뭐든지 할 수 있다는 것을 느꼈습니다.
5.31.	걸리버 여행기	조너선 스위프트	이 책으로 조너선 스위프트가 쓴 것을 알게되었고, 이 책에는 걸리버가 소인국과 거인국, 하늘에 있는 나라 들이 다양한 나라에 있는 것을 방문하는 것을 알게 되었다	조너선 스위프트가 이 책에서 영국 사회를 비판하려고 하는 것을 보고, 나도 더 나은 세계를 위해서 비판하는 태도를 가져야겠다고 느꼈습니다

★ 점심 식사 후 1시 20분(수요일은 1시 10분)에 자기 자리에 앉아 영상을 보면서 활동지를 작성합니다. ★

고전 영상을 시청하면서 학생들이 작성한 활동지 예시 1쪽

6.2.	동물농장	조지 오웰	사람을 동물로 표현해 권력 사회의 비판의식을 내렸던 책이다. 이 책은 내게 권력이란 지든 없더라도 사람들에게 배려해주고 자신의 권력으로 인해 여러 사회가 되더라도 있지만 다 같이 의견을 모아 화합한다는, 균형이 있는건 권력이 들 것 같다는 이야기를 담은 책인 것 같다.	"모두가 평등한 유토피아는 없었다." "모든 권력은 부패되기 쉽다." "권력이 힘으로 똑같이는 것은 권력을 얻은 것과 같다." 쉬운 흔적 지났으련 써서 행복한 권력을 가지고 있어야 써서 뺏겼을때 시비가 생겼다라고나할까.
6.3.	수레바퀴 밑에서	헤르만 헤세	세상을 살아가는데는 공부가 필요한 것이 아니라 꿈을 찾아야한다. 말하자면 필요한 것이 아니라 자신의 재능을 발휘해 능력, 수레바퀴안에서 공부만 있는 것이 아니라 자신이 좋아하는 것, 자신이 잘 하는 것, 넣으면서 살아가는 것, 그게 의의라는 것을 담은 책인 것 같다.	"왜 토끼를 잡고 취미를 뺏나요?" "당신의 흥미라고 하면 무엇이 있나요?" 공부 하기에 집중하지 못해 써서 무언가 활동하고를 담은 사색해 봐주었다
6.7.	80일간의 세계일주	쥘 베른	사람이 불가능하다고 하는 것도 희망과 도전으로 시작해 볼 것, 남들이 되지 않는다고 해서 되지 않는 것은 아니다. 당신이 어떤 사람을 하든 다 이루어진 상상이 희망이 있더면 무언가 다 이루어질테니 도전하고 시도해 볼 것 아니냐는 의의를 담은 책이다.	"당신이 어떤 상상을 하든 그것은 반드시 이루어진다." "상상과 공상을 여겼던 것을 희망과 도전으로 이뤄볼 따름이다." 남들이 무모 신경쓰지 말고 상상을 희망 역으로 삶에서 이루어낸다고 겉 느꼈다
6.8.	바보이반	레프 톨스토이	자기 손으로 자신의 무언 벌어 마련하여 남의 것을 탐내지 않고 조금 어리석을 수 있게 보이지만 자신을 위한 영웅은 자기가 보는 삶을 싫어 기쁜이 좋았는 삶을 싶다 라는 의미를 담은 멋진 책인 것 같다.	"손의 굳은 살이 있다면 식구는 없어도 무지하거나 편한 굳은 살이 없는 사람은 끼리는 먹으리." "지위, 권력은 행복한 당연한 것이 아니다." "어리석지만 기회는 항상 받을 것."
6.9.	레 미제라블	빅토르 위고	고통과 시련을 어떻게 극복하느냐에 따라 시련이 인간의 정의와 달라지고 양심의 눈을 뜨면 새사람으로 돌아와 갈... 자신의 잘못한 일을 뉘우쳐 자신 자신이 행복이 안될 때 양심의 것과는 경멸하게 살아보며 이야기를 담은 책인 것 같다	"이 진정한 해석..." "코제트를 고양이로 사랑라 양심으로 바꾼 것." "남은 고통과 절망과 행복과 굴복을 견딜까 나와의 끝이 써서 서로 완성"
6.10.	돈키호테	미겔 데 세르반테스	두려움과 공포에 떡 포기해버리지 않고 지금보다 더 나은 현실을 꿈꾸며 도전하고 용기를 가지고 도전하고 시도해 더 좋은 행동을 만들고 행동하여라. 그러면 더 멋진 세상을 만들 수 있으니, 라는 의미를 담은 책이다.	"지금까지 칭찬된 책을 기준 멋진 책! 지금보다 더 나은 세상을 꿈꾸어야 해." "당신보다 지금 어떤 꿈을 꾸고 있습니까?"

★ 영상으로 만난 책 중에서 끝까지 읽어 보고 싶은 책이 있나요? 책 제목과 그 이유를 적어주세요.

데미안, 공포와 두려움이 닥쳐도 두려워하지 않고 맞서 도전하라는 좋은 뜻이 담긴 책이라 끝까지 읽는다면 나에게 긍정적 도움이 뭔가 될 것 같아서 입니다.

★ 여러분이 생각하는 '고전'의 정의는?

유명하고 깊은 뜻이 담긴 옛날 책

★ 여러분이 생각하는 '고전'을 읽으면 좋은 점은?

예전부터 지금까지 멋지다고 인정을 받아온 책이기 때문에 그만큼 좋은 의의와 영향을 나눌수 있다

★ 점심 식사 후 1시 20분(수요일은 1시 10분)에 자기 자리에 앉아 영상을 보면서 활동지를 작성합니다. ★

고전 영상을 시청하면서 학생들이 작성한 활동지 예시 2쪽

행복한 교사가 행복한 교실을 만든다-중등 학급경영

그렇게 두어 달이 지나자 학기 초에 반 친구들과 갈등 상황이 빈번했던 한 학생이 "고전 읽기와 필사를 통해 자신의 행동이 다른 사람에게 방해가 될 수도 있겠다는 사실을 깨닫게 되었어요."라고 말했다.

아이들이 학기 초에 비해 수업 집중도도 높아지고 학생들 간 갈등 상황도 현저히 적어진 것으로 관찰되어서 고전 읽기의 긍정적 효과를 본 사례라 하겠다.

행복한 담임교사가
되기 위한 기술

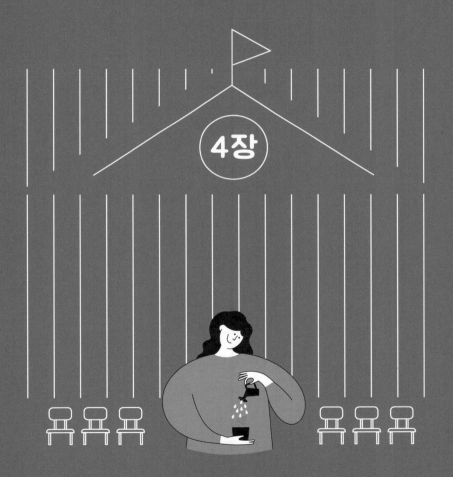

4장

신쌤   와~ 여러 선생님들의 이야기를 다 듣고 나니 저도 새 학기 학급경영에 조금은
       자신감이 생기는 것 같아요. 그런데 고쌤은 어떻게 이런 연구 활동을 20년을
       한결같이 지속할 수 있었나요?

고쌤   나라고 왜 힘들고 포기하고 싶을 때가 없었겠어요? 하지만 나에게 공감해 주
       고 나를 응원해 주는 전문적 학습공동체 동무들이 있어서 힘든 것을 금방 털
       고 일어설 수 있는 것 같아요. 혼자서 스스로를 돌아보고 성찰하는 것도 중요
       하지만 온오프라인을 통해 비슷한 생각을 가진 사람들과 만나서 함께하다 보
       면 큰 힘이 되고 배우는 것도 많거든요.

신쌤   와, 그렇군요. 그럼 학급경영에 관한 아이디어는 주로 모임에서 얻으시는 거
       예요?

고쌤   그렇죠. 그리고 책과 연수에서도 많이 얻는 편이에요.

신쌤   어떤 책과 연수가 특히 도움이 되었는지 궁금하네요. 그리고 이 모든 걸 하려
       면 자기 관리도 잘하고 체력도 좋아야 할 것 같네요. 고쌤처럼요.

고쌤   제가 체력 빼면 시체긴 하죠, 하하. 그럼 지금부터는 제가 평소에 어떻게 자기 관
       리를 하는지, 학급경영 아이디어는 어떤 경로를 통해 얻는지 이야기해 볼게요.

교사가 행복해야 아이들이 행복하다

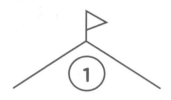

상처받고 좌절하는 교사들

학교 현장을 잘 모르는 사람들은 '교사'라는 직업을 부러워한다. 그러나 정작 자신이 부러움을 살 만큼 행복하다고 느끼는 교사는 드물다. 나는 지난 십여 년간 다양한 교사 연수에 참여하면서, 그리고 직접 전문적 학습공동체를 운영하면서 많은 교사들을 만났다. 그 소감을 한마디로 말하자면 '안타까움'이다. 무력감과 권태감에 빠진 교사들이 의외로 많았고, 심각한 우울증을 앓는 교사도 더러 있었다. 그런 상태가 된 이유 중 상당 부분은 학생들을 통제하지 못하는 데서 오는 자괴감이었다. 신규 교사나 복직 교사에게 좌절과 분노는 피하기 힘든 감정이다. 경력이 많은 교사라고 해서 예외는 아니다. 나 또한 신규 교사 시절을 겪었고 2년간의 육아휴직 후 복직한 경험이 있기에 누구보다 그들의 상황과 심정에 공감한다.

신규 교사들은 대부분 임용고시의 높은 벽을 넘었다는 자부심과 안도감에 취해 현장에 필요한 소양과 기술을 제대로 준비하지 못한 채 교직에 들어선다. 때문에 학생과 학부모와의 관계를 만들어 가는 과정이 녹록지 않다. 아무도 가르쳐 주지 않았는데 해내야 하는 업무들이 연일 정신없이 쏟아진다. 한마디로 머릿속에서 상상했던 학교가 아니다. 그렇게 한 달 정도의 시간이 흐르면 임용고시 합격은 수업이나 담임교사의 역할을 감당할 수 있는 역량과는 아무 상관이 없다는 사실을 알게 된다. 교육학 책에서 배운 이론과 너무도 다른 학교 현실 앞에서 교사들은 깊은 상처를 입고 좌절한다. 교사로서 행복하지 못한 까닭이야 여러 가지가 있겠지만 담임을 맡으면서 겪는 좌절이나 스트레스가 그 이유 중 하나인 것은 분명하다.

행복한 교사가 되기 위해 나부터 사랑하기

학급경영은 단순한 관리가 아니라 정서적·기술적 노력이 필요한 배움의 영역이다. 더불어 아이들의 개인적·집단적·발달시기적 특성을 현실적으로 이해하고 받아들이는 것이 필요하다. 학생들의 불순한 태도나 반항 앞에서 자신의 무능함을 탓하며 교직 적성을 의심하거나 학생에 대한 원망으로 하루하루를 보내는 교사도 꽤 있을 것이다. 이런 좌절을 넘어 학생을 사랑하는 교사, 스스로 행복한 교사가 되기 위해서는 나름의 기술이 필요하다.

아이들과의 일상은 매일매일이 너무나 바쁘다. 당장 눈앞에 있는 업무와 수업을 처리하다 보면, 교사는 정작 자신을 들여다보거나 학급 아이들을 살펴볼 여유가 없다. 그러면 학급경영이 어디에 문제가 있는지, 지금 왜 이렇게 힘겨운지를 스스로 살피지 못한 채 하루하루 버티며 살아가게 된다. 당연한 이야기지만 내가 먼저 바로 서야 학생들을 바로 세울 수 있다. 그러므로 교사는 무의미한 하루하루를 반복하는 일을 멈추고, 잠시 시간을 내어 자신의 내면을 들여다보고 학급 안에서 생활하는 자신과 학생의 모습과 상황을 깊이 살펴야 한다. '학급에서 아이들과 좋은 관계를 맺고 있는가?', '학생들은 의미 있는 배움을 얻고 있는가?' 등의 질문을 스스로에게 던지며 내 마음이 어디서 흔들리는지, 내가 무엇을 두려워하는지 천천히 찾아야 한다.

담임교사에게 가장 필요한 덕목을 꼽으라면 '여유와 믿음'이다. 학생들이 고경력 선생님과 저경력 선생님을 구분하는 잣대 중 하나가 바로 '여유'다. 여유는 아이들이 순수하지만은 않다는 사실을, 다만 교사의 가치관과 다가가는 방식에 따라 무궁무진하게 변화할 수 있는 존재라는 사실을 아는 데서 출발한다. 그리고 '믿음'은 '담임교사는 어떤 존재이며, 어떻게 존재해야 하는가?'를 끊임없이 자문하는 성찰 속에서 생겨난다. 그리고 '나는 어떤 사람인가?'를 성찰하는 것 또한 중요하다.

평소 나는 담임교사로서 학생들과 어떻게 관계를 맺고 유지하는가? 이것은 교사의 평소 인간관계와 무관하지 않다. '담임교사'로서의 나도 결국 '나'이기 때문이다. 담임교사가 그동안 살아온 삶의 방식은 반 학생들과의 관계에서 고스란히 드러난다. 담임교사는 반 학생들과 매일 만날뿐더러 조회와 종례, 상담 시간은 명확하게 정해진 내용이 없기에 존재 자체로 아이들에게 큰 영향을 미친다. 학생들과 대화하다가 갑자기 눈물을 글썽거리고 울음을 터뜨린다든지, 치밀어 오르는 화를 참지 못하고 소리를 지른다든지, 말문이 막혀 머릿속이 새하얗게 된다든지 하는 순간이 있었는가? 나의 단점이나 감정의 변화, 삶의 자세가 학생들 앞에서 여과 없이 드러나 당황스러울 때가 있었는가? 바로 이런 순간들 때문에 인간으로서의 나를 반성하고 살펴야 하는 것이다. 내 모습이 담임교사로서 아이들과 만날 때 어떻게 나타날지, 나의 인간관계나 생활 태도가 담임교사 역할을 원만하게 수행하는 데 어떤 도움이 될지를 고민해야 한다.

자신을 들여다볼 때 하나 더 살펴야 할 것이 있다. 자신이 무엇을 잘하는지, 무엇을 못하는지를 파악하는 일이다. 교사마다 가지고 있는 특별한 능력은 모두 다르다. 그걸 모두 똑같은 중등교사라는 획일적인 틀 안에 맞출 필요는 없다. 자신이 가진 장점을 교사로서 나만이 가지는 능력으로 발전시켜야 한다. 그러려면 먼저 자기 자신에 대해 잘 알아야 하고, 또 자신의 모습을 있는 그대로 받아들여야 한다. 내가 먼저 나 자신과 친해져야 한다.

우리가 결정 장애에 빠지는 이유는 자신의 선택을 믿지 못하기 때문이다. 100퍼센트 옳은 선택은 없다는 것을 받아들여야 한다. 그리고 자신의 선택에 확신을 가져야 한다. 그 선택을 자신감을 가지고 실행하려면 누군가의 따뜻한 격려가 있어야 한다. 우리를 격려해 줄 가장 확실한 사람은 우리 자신이다. '이 정도면 잘하고 있는 거야. 나니까 여기까지 왔어'라고 스스로 자신을 격려할 수 있어야 한다. 부정적인 표현은 최대한 자제하고 긍정적인 표현을 많이 하면 생각과 행동도 긍정적으로 바뀐다. 또 생각에 멈추지 말고 직접 몸으로 실천해야 한다. 생각에 머물러 있다 보면 오히려 몸과 마음에 힘이 빠지는 경우가 많다. 몸을 움직여 걷기만 해도 정신이 맑아지는 경험을 해 보았을 것이다. 그러니 몸을 움직여 실천해야 한다.

마지막으로 두려움을 떨치기 위해 자기 규정을 새롭게 해야 한다. 자신에 대한 믿음이 태도와 행동을 결정하고 운명까지 결정한다. '나는 자존감이 높은 사람'이라고 스스로를 규정하라.

위기의 순간, 산소마스크는 나부터

이민규 교수의 『생각의 각도』에는 이런 이야기가 있다. "비상시 산소마스크와 구명조끼는 반드시 본인이 먼저 착용하십시오. 그런 다음 도움이 필요한 어린이와 노약자를 도와주십시오." 어린이와 노약자에게 양보해야 하는 것 아닌가 하는 의문이 드는 대목이다. 하지만 한 번 더 생각해 보면 고개가 끄덕여진다. 다른 사람을 도우려다 산소마스크와 구명조끼를 들고 내가 먼저 쓰러진다면? 나의 안전을 먼저 확보해야 더 많은 사람에게 도움을 줄 수 있는 것 아닌가?

교사 역시 마찬가지다. 학생을 구하기 전에 교사인 내가 먼저 살아야 한다. 내 마음에 여유가 있어야 학생에게 도움을 줄 수 있다. 다만 여유라는 것도 상당히 상대적인 개념이다. 이런저런 일들에 시달리면서 어떻게 여유를 가질 수 있을까? 이민규 교수는 그것은 마음가짐, 생각의 각도 차이라고 말한다. '사연이 있겠지', '뭔가 생각이 있겠지', '그 정도면 잘했어', '그럼에도 불구하고'라고 생각의 각도를 1도만 바꿔도 학생들을 좀 더 잘 이해할 수 있다는 말이다.

교사의 산소마스크 쓰기는 크게 나를 세우는 활동과 나를 성찰하는 활동으로 나눌 수 있다.

1. 나를 세우는 활동

자신의 존재를 있는 그대로 받아들이는 활동, 즉 나를 세우는 활동이다. 이를 통해 평소에 자신이 무엇을 좋아하는지, 무엇을 원하는지, 무엇을 잘하는지 등을 생각해 볼 수 있다. 나의 중심을 잘 세우면 외부자극에 흔들리지 않고 나아갈 수 있다.

여기서는 드림 리스트, 인생 설계도, 묘비명 작성하기, Design My Life 등을 소개한다. 이런 활동을 통해 직접 글로 적어 보면 목표를 달성할 확률이 높아진다. 활동 결과를 평소 잘 보는 곳에 붙이는 것도 목표 달성에 도움이 된다.

1) 드림 리스트, 인생 설계도, 묘비명 작성하기

(1) 드림 리스트 작성하기

드림리스트 작성을 위해 사용할 수 있는 질문은 다음과 같다.

- 새로 도전해 보고 싶은 취미는? 또는 지금 하고 싶은 일은?
- 가족과 함께 혹은 나홀로 가고 싶은 여행지는?

나의 드림 리스트

- 나의 일을 위해 배워야 할 것은?

- 꿈을 위해 필요한 물건은?

- 배우자 혹은 교사로서 되고 싶은 모습은?

- 기부하고 싶은 나의 재능은? 타인에게 나누어 주고 싶은 것은?

(2) 인생 설계도 작성하기

인생 설계도 작성을 위해 사용할 수 있는 질문은 다음과 같다.

- 내가 진정으로 소유하고 싶은 것은 무엇인가?

- 내가 진정으로 하고 싶은 활동은 무엇인가?

- 내가 이루고 싶은 내면의 목표는 무엇인가?

이때 나의 대답과 연관된 이미지를 활용하여 시각화하는 것도 좋다.

(3) 묘비명 작성하기

- 나는 어떤 사람으로 기억
되고 싶은가?

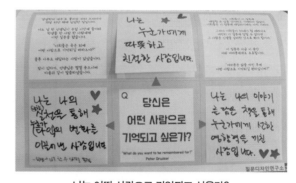

나는 어떤 사람으로 기억되고 싶은가?

2) Design My Life

Design My Life 활동을 위
한 질문은 다음과 같다.

- 지난 삶을 통해 내가 만든 의
미 있는 변화는 무엇인가? 혹은 삶을 풍요롭게 한 경험은 무엇인가?

- 내 삶을 풍요롭게 가꾸도록 도움을 준 사람은 누구인가?

- 후회와 아쉬움이 남는 것은 무엇인가?

- 도전을 통해 배우고 깨닫게 된 삶의 교훈은 무엇인가?

- 나를 살아 있게 만드는 가치는 무엇인가?

- 내가 정의하는 성공이란 무엇인가?

- 어떤 역할에 집중할 것인가?

- 일에서든, 관계에서든 올해에 새롭게 도전하고 싶은 것은 무엇인가?

- 삶의 차이를 만들어 내기 위해 어떤 훈련 혹은 습관을 지속할 것인가?

- 내 에너지를 건강한 수준으로 유지하기 위해 어떤 활동과 환경이 필요한가?

- 삶을 마친 후에 어떤 사람으로 기억되길 원하는가?

- 올해 10가지 도전 목표는 무엇인가?

참고자료 : 질문술사 박명준 코치의 Design the year 워크숍

2. 나를 성찰하는 활동

1) 감사 일기 쓰기

나를 제대로 들여다보기 위해서는 일정한 시간을 정해서 자기 성찰을 하는 것이 좋다. 가장 쉽게 시작할 수 있는 것이 감사 일기 쓰기다. 감사 일기 쓰기는 일상에 의미를 부여하는 과정이다. 감사 일기를 쓰면 주변을 세심히 관찰하여 사소한 것에 감사하며 긍정적인 메시지를 기록하게 된다. 감사 일기를 통한 긍정적 피드백이 스트레스를 해소하고 자존감을 높이는 데 효과가 있음을 밝힌 연구도 여럿 있다. 아침에 일어나서 바로 감사 일기를 쓰면 하루를 긍정의 기운으로 시작할 수 있어서 좋고, 저녁에 감사 일기를 쓰면 그날 하루 감사한 일을 정리하며 감사의 마음으로 하루를 마무리할 수 있어서 좋다. 중요한 것은 변화한다는 믿음을 가지고 지속해서 실천하는 것이다. 루이스 헤이의 "자주 하는 말이 그 사람의 인생을 만든다."는 말을 기억하면서 '감사합니다'를 하루에 500번 말해 보면 어떨까?

감사 일기를 쓰는 방법은 다음과 같다.
(1) 하루 일과 중 긍정적인 체험을 정리한다.
  - 무엇이, 왜 감사한지 구체적으로 적는다.
  - 긍정문으로 적는다.

(2) 감사 일기의 마무리는 긍정 확언으로 한다.

긍정 확언의 효과는 첫째, 자신에 대한 확신과 자신감으로 인생을 개척할 수 있는 것이고, 둘째, 자신을 있는 그대로 받아들이고 사랑하게 된다는 것이다.

(3) 긍정 확언을 지속적으로 보고 듣는다.

- 긍정 확언, 긍정 선언문을 본인 목소리로 녹음해서 듣는 것도 좋다.
- 스스로 정한 긍정 확언을 잘 보이는 곳에 붙이고 자주 보도록 한다.

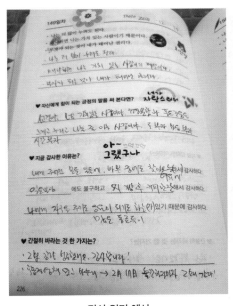
감사 일기 예시

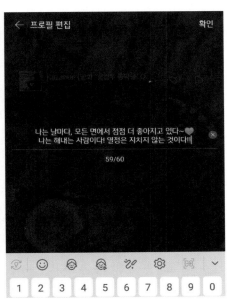
휴대폰에 적어 둔 긍정 확언

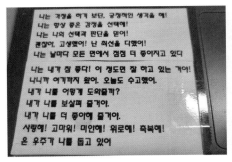
학교 업무 노트북에 붙여 둔 긍정 확언

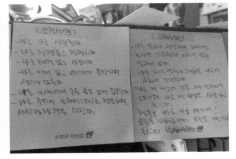
책상 앞에 붙여 둔 긍정 확언

– '잠재의식을 움직이는 3가지 원칙'을 활용하는 것도 좋다. 첫째, 밤에 잠들기 전에 자신이 쓴 암시의 말을 소리 내어 읽는다. 둘째, 암시의 말이 마음속에서 완전히 내 것이 될 때까지 아침저녁으로 반복하여 읽는다. 셋째, 벽이나 천장, 화장실, 책상 등 눈에 잘 띄는 곳에 암시의 말을 붙여 두고 항상 나의 마음을 자극한다.

2) 감사 편지 쓰기

감사한 사람에게 편지를 써 본다. 최근에는 '나에게 쓰는 감사 편지'를 쓰고 있다. 타인에 대해 감사한 마음을 가지기 이전에 나 자신에게 감사를 표현하면서 마음이 평온해지는 것을 느끼곤 한다. 그러면서 '나는 있는 모습 그대로 충분히 괜찮은 사람, 나는 나에게 고마운 사람'임을 다시 한번 알게 된다. 나에게 쓰는 감사 편지를 쓰고 나서 남편에게 쓰는 감사 편지도 함께 쓰고 있다.

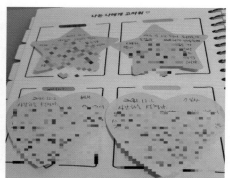

나에게 쓰는 감사 편지

감사 일기, 감사 편지 외에 좋은 기사를 모아 자신의 느낌을 적어 보거나 책 속의 좋은 문구를 자신에게 맞게 변형해서 적어 보는 활동도 좋다.

행복한 교사가 행복한 교실을 만든다–중등 학급경영

연수를 성장의 기회로 삼아라

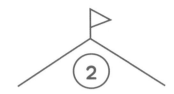

교직에 들어선 이후 교사로서 성장하기 위해 스스로 배움을 기획하고 관리하는 교사를 찾아보기란 매우 어렵다. 많은 교사가 교직에 무사히 진입했다는 안도감과 함께 성장을 멈춘다. 임용고시라는 어마어마한 장벽을 넘느라 에너지를 전부 소진한 탓에 교직에 들어선 순간, 이미 지칠 대로 지쳐 배움에서 멀어지게 되는 것이다. 하지만 이러한 현실을 개선하지 않는다면, 교사들은 세상의 변화에 가장 느리게 반응하는 집단이 될 수밖에 없다.

교직 인생의 터닝 포인트

복직하던 2010년은 내 인생에서 가장 힘든 해 중 하나였다. 육아에 시달리다가 복직하면 홀가분할 줄 알았다. 그러나 2010년 3월 2일 복직 첫날, 나는 퇴근길 집 앞 횡단보도에서 초록불로 바뀌길 기다리며 눈물을 흘렸다. 집에 오자마자 남편에게 내뱉은 말은 "나 사표 쓰고 교육행정직 시험 칠까?"였다. 도저히 학교 시스템에 다시 적응할 수 없을 것 같았기 때문이다. 이후에도 한동안은 학교에서 하루 종일 멍했다. 컴퓨터 화면에 적혀 있는 글의 의미조차 제대로 파악할 수 없었고, 아이들을 어떻게 대하고 지도해야 할지 막막하기만 했다. 그렇게 초임 발령 당시 느꼈던 막막함과 적응의 어려움을 다시 한번 겪게 된 것이다.

하지만 2000년에는 신규 교사라서 실수를 해도 선배 교사들이 이해하고 도와주는 분위기였다면, 2010년은 이야기가 달랐다. 나도 적응하기 힘든데, 경력 교사라는 이유로 내게 학생 생활 지도에 대해 조언을 구하는 같은 학년 담임교사도 많았다. 그럴 때마다 속으로 한숨이 나왔다. '내 코가 석 자인데 내가 누구한테 조언을 해?' 이런 생각 때문인지 그때는 신경이 곤두서서 동료 교사와의 관계가 나빠지기도 했다. 복직하니 나이스 시스템도 새롭게 구축되어 있고, 교원평가도 새롭게 시작되는 등 모든 것이 낯설었다.

하루하루 지날수록 조금씩 나아지긴 했지만 또 다른 문제가 있었다. 어린이집 종일반에 다니는 아이들이 다 그렇듯, 만 2세 아들은 잔병치레가 잦았다. 폐렴 증상으로 입원한 아이를 밤새 돌보다 학교로 바로 출근한 날도 많았고, 그러다가 나도 병이 나서 며칠씩 병가를 내기도 했다. 아예 목소리가 나오지 않아 수업하는 데 애를 먹은 날도 많았다. 성대 결절에 걸려서 좋다는 한약도 먹어 보고 이비인후과 음성센터에 가서 이런저런 치료도 받아 봤지만 나을 기미가 보이지 않았다. 집에서 아기만 돌보다가 출근을 하니 몸에 탈이 나기도 했겠지만 정신적인 스트레스가 면역력을 크게 떨어뜨렸던 것 같다. 지금 생각하면 그 힘든 시기를 어찌 견뎌 냈나 싶다. 하루를 버티고 일주일을 버티고 한 달을 버티다 보니 1년이 지나가고, 그렇게 10년의 세월이 흘렀다.

다시 해를 거슬러 올라가 보자. 복직을 앞둔 해 2월 복직예정자 연수를 팔공산 수련원에서 받았다. 2년 이상 휴직한 교사들을 대상으로 운영하는 학교 적응 프로그램이었다. 학급경영 등 각 분야에서 내로라하는 교수나 교사들이 연수 강사로 와서 여러 좋은 강의를 해 주었다. 그분들을 보며 '와, 정말 대단한 분들이다. 나랑은 레벨이 다르구나. 어떻게 하면 저런 전문성을 갖출 수 있을까. 정말 멋지고 존경스럽다' 이런 생각들을 했다.

10년이 지난 지금, 나는 1정 연수와 복직예정자 연수 강사로 자주 불려 간다. 거꾸로교실, PBL 등 교실수업 개선방법에 대한 연수를 주로 하지만 학급경영과 교사 자존감에 관한 연수를 하기도 한다. 10년 전만 해도 내가 연수 강사로 활동할 거라고는 꿈에도 생각하지 못했다. 그때만 해도 내가 이렇게 글을 쓰고 책을 낼 거라고도 생각하지 못했다. 무엇이 나를 변하게 했을까? 나는 '절실함'이라고 생각한다. 복직 후 힘들고 어려운 시간도 있었지만 좌절하지 않고 그것을 극복하기 위해 각종 연수들을 찾아다니며 열심히 공부했다. 가장 힘든 시기였던 2010년이 내 교직 인생의 터닝 포인트가 된 것이다.

테솔 연수, 성찰과 경험을 통해 성장하다

복직 전 여러 선생님들에게 영어 교사 대상 테솔 연수 과정이 새로 생겼다는 이야기를 들었다. 대다수 영어 교사들이 기피하는 연수였다. 그 연수에 대해 처음 들었을 때는 '음, 될 수 있으면 피해야겠군'이라고 생각했지만, 어느 날 생각을 고쳐먹게 되었다. 2년간의 휴직 공백은 심리적으로 나를 위축시켰지만, 교직을 그만둘 생각이 아니라면 지금부터 정년 때까지 어쨌든 적응을 해야 한다는 마음이 든 것이다. 그리고 이왕 할 거면 지금 당장 제대로 시작해 보자, 복직 후 학교 적응의 두려움을 이 연수를 듣고 이겨 내자 하는 마음이었다. 그리하여 복직 첫해 여름 방학에 180시간 테솔 연수를 신청했다.

테솔(TESOL, Teaching English to Speakers of Other Languages)은 '영어를 모국어로 하지 않는 사람에게 영어를 가르치는 방법(교수법)'을 배우는 과정이다. 즉, 영어 교사 양성 과정이다. 우리나라에는 숙명여자대학교에서 처음으로 테솔을 도입했고, 내가 소속되어 있는 교육청에서는 2008~2009년쯤 교원 연수 기관(www.eucc.or.kr)을 통해 SIT TESOL을 처음 도입했다.

내가 들은 것이 바로 이 SIT TESOL이다. 이 프로그램은 '트레이너'라고 불리는 원어민 교사가 진행한다. 연수 과정을 이끌어 가는 원어민 트레이너들은 철저하게 학생 활동 중심 수업을 보여 주었으며, 연수 참가자인 나에게도 그런 수업을 요구하였다.

연수 과정 자체가 참여자들이 중심이 되어 사고하게 만드는 과정이었다. 개인적으로는 교사의 성찰을 중요시하는 부분, 경험을 통해 배운다는 ELC(Experiential Learning Cycle) 기법을 접하고 많은 것을 깨달았다. 또 1시간의 수업이 1시간으로 끝나는 것이 아니라, 그 수업을 잘 분석하여 다음 수업의 발전을 위한 밑거름으로 삼는다는 것이 의미 있게 다가왔다.

트레이너들은 일종의 멘토가 되어 교사들을 지도한다. 교사들은 영어 듣기, 읽기, 말하기, 쓰기 기능을 잘 가르치기 위한 교수 방법을 배울 뿐만 아니라 실제 수업을 위한 지도안을 작성하고, 트레이너들은 지도안 형식과 더불어 얼마나 창의적이고 적절한 활동들로 한 차시 수업을 구성했는지를 살펴보고 필요한 도움을 준다. 테솔 연수 과정에서 가장 실질적인 부분은 참가 교사들이 학생들을 대상으로 45분간 실제로 수업을 한다는 점이다. 동료 교사들이 지켜보는 가운데 자원한 학생들을 대상으로 자신이 짠 지도안으로 수업을 한다. 바로 이 부분이 여러 영어 교사들이 테솔 연수 과정을 꺼렸던 가장 큰 이유일 것이다. 다른 교사들 앞에서 자신의 수업을 공개한다는 것이 결코 쉬운 일이 아니기 때문이다.

45분간 공개 수업을 한 후에는 피드백 시간이 있었다. 테솔 연수 과정에서 내가 가장 마음에 들었던 부분이 바로 이 피드백 과정이다. ELC 기법에 따라 피드백이 진행되는데, 우선 수업을 진행한 교사가 수업 소감을 밝힌다. 수업 후 느끼는 자신의 솔직한 감정, 수업에서 아쉬웠던 점이나 잘된 점 등을 이야기한다. 다음으로 참관 교사들이 피드백을 시작한다. 이때 원어민 트레이너들로부터 제대로 된 피드백이 어떤 것인지를 배웠다. 단순히 수업을 잘한다 못한다가 아니었다. 그들은 수업을 잘하고 못하는 것이 무엇인지 우리에게 반문할 정도로 그런 개념 자체가 없었다. 수업하는 과정에서 학생들의 배움이 일어났는지를 가장 중요하게 생각했다. 수업을 관찰할 때도 교사가 얼마나 화려하게 수업을 잘하느냐가 아니라 교사의 발문, 학생의 반응, 학생 활동 등을 면밀하게 관찰하여 교사나 학생의 말과 행동이 어떻게 학생들의 배움으로 이어지는지를 철저하게 분석했다. 트레이너들은 속기사 못지않은 속도로 교사와 학생들의 발문을 낱낱이 기록하는데, 그 기록은 피드백의 객관적인 근거로 제시된다.

그리고 수업을 진행한 교사는 성찰 일지를 작성한다. 성찰 일지에는 다음의 내용이 포함되어야 한다.

1. 수업을 끝낸 지금의 기분은?
2. 수업이 잘되었다고 생각하는 순간은? 그 순간의 상황을 자세하게 묘사하시오.
3. 상황을 분석하시오.
4. 앞에서 분석한 상황을 일반화하여 어떻게 하는 것이 교수 학습에 도움이 되는지를 적으시오.
5. 액션 플랜(다음 수업은 어떻게 하겠다는 계획)을 세우시오.

이렇게 한 차시 수업을 분석하고 되돌아보는 것이다. 수업이 잘된 순간뿐만 아니라 반대로 수업이 잘되지 않았다고 생각하는 부분도 분석한다. 그냥 수업이 잘되지 않아서 망했다가 아니라, 이런 분석을 통해 다음에는 어떤 점을 보완하여 수업에 적용할지를 성찰을 통해 스스로 배워 가는 것이다. 참가자들이 서로 질문과 답변을 주고받는 모습을 지켜보며 수업을 진행한 교사는 스스로 자신의 수업에 대해 돌아보게 된다. 이 성찰 과정은 내 삶에 큰 도움이 되었다. 테솔 연수 이후에도 이런 성찰의 과정을 수업에 끊임없이 적용하게 되었기 때문이다.

나는 테솔 연수가 너무 좋아서 2011년에는 6개월 심화 연수를, 2013년에는 1년 과정인 교사교육자과정(TEC, Teacher Education Consultant)을 듣고 이수하면서 영어과 연수 최고 단계까지 이수했다.

교사 모임을 통해 배우는 학급경영

2015년에는 수업 기록용 블로그를 시작했다. 이로써 수업 성찰 과정을 블로그 포스팅을 통해 실천하고 있다. 매일 내가 했던 수업의 흐름을 쭉 정리하다 보면 '이 부분은 잘되었으니까 다음에도 적용해야지', '이 부분은 좀 아쉬우니 다음번에는 이러 저러하게 보완해야지'라는 성찰이 저절로 일어난다. 이렇게 기록하는 것이 좋은 점은 성찰의 과정일 뿐 아니라, 시간이 지나서도 쉽게 찾아내 수업 준비에 참고할 수 있기 때문이다. 영어과 연수에서 배운 성찰 능력은 내 삶에도 그대로 녹아들어 나의 발전 을 이끌어 주었다.

그리고 연수에서 배운 것들은 듣는 것에 그치지 않고 하나라도 내 수업과 학급경 영에 적용해 보려고 노력했다. 그렇게 하나씩 적용해 보던 중 내 경험을 다른 이들과 나눌 기회가 생겼다. 별것 아니라고 생각한 내 이야기가 누군가에게 도움이 된다는 것을 알게 되니 너무나 뿌듯했고 그래서 더욱더 많이 나누고 싶어졌다. 그 결과 2016 년에는 체인지메이커 프로젝트수업 연구회를 만들어 운영했고, 2019년에는 '고래학 교'를 세웠다. 고래학교는 체인지메이커가 되고자 하는 교사들, 서로의 꿈을 응원하 고 성장하고자 하는 교사들의 자발적인 모임이다.

나의 경험에서 보듯이, 교사는 자신을 계발하는 재교육(Re-Booting)을 통해 자신의 강점을 발견하고 자존감을 회복할 수 있다. 연수 프로그램을 운영하는 강사에게 직접 배우는 것도 많지만, 연수에 참여하는 다른 교사들과의 소통을 통해 깨닫게 되는 것 도 많다. 또 여기에서 다른 사람들에게 도움을 주는 경험을 통해 자존감이 올라가기 도 하고, '나만 이런 실수를 하는 것이 아니구나, 나만 힘든 건 아니구나'라는 것을 깨 달아 위로를 받기도 한다.

수업 전문성이 필요하다고 생각하는 교사는 있어도 학급경영 전문가가 되어야겠 다고 생각하는 교사는 찾기가 쉽지 않다. 어쩌면 담임교사 역할을 전문가의 영역이라 고 생각한 적이 없을지도 모른다. 이 글을 읽는 독자들에게 묻고 싶다. "학급경영 관 련 책을 몇 권이나 읽었나요? 관련 연수를 몇 시간이나 들었나요?" 학급경영도 분명 연구가 필요한 영역이다. 끊임없이 책과 연수, 사람들과의 만남을 통해 기술을 향상 시켜야 한다.

담임교사의 역할은 교과 교사와는 다른 전문성을 요구한다. 그 전문적이고 복합적 인 요소들이 잘 결합되어야 잘할 수 있는 것이다. 대학에서 교육학 영역으로 나눠 배운 이론을 현장에서는 한꺼번에 모아서 내 것으로 소화하고 발현해야 한다. 이제 막 학교에 와서 어린 학생들을 만나 함께 생활하며 그들의 감정, 생각과 고민, 적성과 흥미, 생활습관, 학습 능력, 부모와 교과 교사와의 관계 등 모든 것을 이해하고 대처해야 한다. 담임교사가 학생들에게 얼마나 큰 영향을 미치는 존재인지를 떠올리자. 담임교사는 학생과 매일매일 시간을 나누고 일상의 공간에서 접촉하며 교육적인 만남을 가지는 사람이다. 이러한 책무성을 절대 잊어서는 안 된다.

찾아보면 교육청에서 주관하는 자격연수, 그리고 다양한 사설기관에서 하는 자율연수가 많이 있다. 연수에서 관련 주제의 전문적인 지식을 얻는 것도 의미가 있지만 연수에서 만난 동료 교사들에게 긍정 에너지를 받는 것도 큰 의미가 있다. 연수를 찾아 듣는 교사들은 기본적으로 배우고 성장하려는 의지가 있는 분들이므로 그들의 삶의 태도에서 많은 것들을 배울 수 있다.

『배움을 돈으로 바꾸는 기술』에서는 세미나에 가라고, 될 수 있으면 규모가 큰 세미나에 갈수록 좋다고 했다. 평생 학습자의 자세로 배움과 성장의 기회를 놓지 않는 교사들이 되기 바란다.

자기 계발로
나다운 담임교사가 되어라

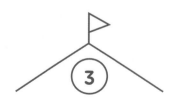

처음 담임을 맡았을 때 반 학생들이 한 학기를 마치면서 외친 말이 떠오른다.

"선생님, 제발 활동 좀 그만 시키세요!"

낯을 가리는 성격 탓에 학생들과 마주하는 것이 어색하기만 했던 나는 조회 시간 마다 다양한 학급 활동지를 나눠 주며 빈칸을 채우게 했다. 재밌는 이야기나 유머로 조회와 종례, 담임 활동 시간을 보낼 자신이 없기도 했지만, 잠깐의 시간도 허투루 보내고 싶지 않아서 이런저런 자료를 만들어 활용했던 것이다. 하지만 결국 나도 아이들도 지치고 말았다. 지친 나를 다시 일어서게 한 것은 스스로 돌아보자는 마음이었다. 이상적인 담임교사의 모습에 정답은 없다. 자기 성향과 역량을 고려해 '나'다운 담임교사가 되는 것이 중요하다. 나다운 담임교사가 되고 싶었다.

학급경영은 교사의 역량과 관심사를 고려해야

처음 담임을 맡은 교사는 대부분 경험 많은 선배 교사들이 만든 자료를 활용한다. 하지만 무조건 많은 자료를 활용해야만 학생들에게 좋은 영향을 줄 수 있는 것은 아니다. 그보다는 내가 할 수 있는 활동이 무엇인지, 지금 우리 반 학생들이 가진 관심사는 무엇인지부터 생각해야 한다. 담임교사로서 나는 어떤 역량을 지녔을까, 나와

행복한 교사가 행복한 교실을 만든다 – 중등 학급경영

지금 학급 아이들에게 맞는 활동은 무엇일까를 먼저 고민한 후 나와 우리 반 학생들에게 맞는 프로그램을 찾아 적용해야 한다.

기타 연주, 작사, 작곡에 재능이 있는 선생님이 반 아이들과 공연을 준비하며 음악으로 학급경영을 한다는 이야기를 들은 적이 있을 것이다. 미술을 이용해서 학급경영을 하는 분, 유튜브 채널을 활용하는 분, 최근에는 공유 경제 개념을 적용해 학급을 운영하는 분도 만났다. 이렇듯 교사의 관심사는 하나의 교육과정이 되어 학급살이의 기본 뼈대가 된다.

나는 호기심이 많아 이것저것 배우는 것을 좋아한다. 한때는 드럼 연주에 빠져 같은 학교에 근무하던 선생님들과 밴드를 구성해 활동한 적도 있다. 그때 학생들은 내가 드럼을 연주하는 것을 보고 의외의 모습에 호감을 표현하기도 했다. 나는 초임 시절부터 축제 무대에 설 기회가 많았다. 노래를 듣고 따라 부르는 것은 학창 시절부터 워낙 좋아했다. 하지만 그 끼를 발휘할 기회가 없었는데 교사가 되고 나니 기회가 생겼다. 그저 무뚝뚝하고 재미없는 선생님인 줄 알았다가 고음 불가 노래를 부르는 것을 보고 놀라는 학생들도 있었다. 학생들과 공연을 준비하면서는 관계를 돈독히 할 수 있어서 좋았다.

한번은 학생들과 자유학기제 프로그램을 통해 캘리그래피를 배운 적이 있는데 열심히 수업에 참여하고 연습하다 보니 지금은 캘리그래피로 엽서를 써서 선물할 정도

캘리그래피 엽서

의 실력을 갖추게 되었다. 또 전문 성우에게 낭독 수업을 듣고 낭독의 중요성을 깨달은 후 필사낭독반을 만들어 운영하기도 했다. 내가 성우처럼 학생들 음성 지도까지 해 줄 수 있는 것은 아니었지만 최소한 낭독의 좋은 점을 소개해 줄 수 있어 그 자체로 의미가 있었다.

한때 놀이를 학급경영에 접목하려고 시도한 적도 있었다. 놀이 연수에 참여하고 책도 구입해서 읽었다. 연수에서 배운 몇 가지 놀이를 반 아이들과 해 보았지만 왠지 남의 옷을 입고 있는 느낌이 들었다. 결국 해가 갈수록 학급경영 스타일이 나의 관심사로 바뀌고 있다. 내가 책을 읽고 글을 쓰는 것을 좋아하니 자연스럽게 학생들에게도 그 부분을 강조하게 된다. 교사의 경험은 결국 학생에게 이어진다. 그러므로 다양한 경험을 통해 나를 성장시키는 것이 결국 학생의 성장을 이끄는 길일 것이다.

역량을 키우는 최고의 자기 계발은 독서다

기타, 오카리나, 드럼 등 악기를 배우거나 낭독, 유튜브 채널 운영 등 다양한 기술을 배우고 익히는 것도 도움이 되었지만, 내가 경험한 최고의 자기 계발 수단은 바로 '독서'다. 나는 책이 교사에게는 자습서나 마찬가지라고 생각한다. 책을 읽으면서 자아를 성장시킬 수도 있지만 자신에게 적용했을 때 좋았던 것을 학급경영에도 적용할 수 있기 때문이다. 내가 학생들과 함께하고 있는 '오늘의 한 줄'이나 '성장 일기'도 모두 책에서 아이디어를 얻은 것들이다.

모두가 알고 있지만 잘 실천하지 않는 것이 독서다. 독서의 필요성을 다시 한번 정리해 보자.

1. 독서는 자신을 찾아 행복해지는 길이다. 독서는 나를 알아가는 과정이다.
   책 내용을 실천하거나 그것에 빗대어 자신을 알아갈 수 있다.

2. 생각하는 시간을 가질 수 있다. 독서는 생각을 이끄는 좋은 도구다. 자신을 위한 독서 시간, 즉 생각하는 시간을 정해 두지 않으면 다른 일에 떠밀려 자신의 발전을 위한 시간 없이 하루를 마감하게 된다.

3. 간접경험을 통해 성장할 수 있다. 책에는 저자의 인생이 담겨 있다. 저자와 깊이 공감대를 형성하면서 책을 읽고, 그 내용을 실천하여 내 것으로 만드는 것이 가장 중요하다. 그러기 위해서는 거듭해 읽는 과정이 필요하다. 이를 통해 책 속의 중요한 내용을 내 것으로 만드는 기회로 삼으면 된다. 자신의 부족함을 인지할 때 발전 의지가 생기고 변화에 대한 간절함도 생긴다. 그러니 책 속 저자가 주장하는 것 중 하나는 실천해 보자.

이제 독서 습관을 만들기 위해서 해야 할 일을 알아보자.

1. 매일 정해 놓은 양을 읽는 것부터 시작한다. 하루 두 페이지도 괜찮다.

2. 하루의 1퍼센트, 15분 동안 책을 읽는다. 물론 시간 가는 줄 모르고 몰입해서 책을 읽는다면 큰 행복감을 느낄 수 있을 것이다.

3. 마음에 와닿는 문장을 적고 자기 생각이나 느낌을 적어 본다. 이는 자기 경험과 책 내용을 연결하는 중요한 행위다.

4. 혼자 읽지 말고 모임을 구성해 여럿이 함께 읽는다. 혼자 하면 쉽게 지치지만 함께하면 지속할 힘을 얻을 수 있다.

5. 아침 일찍 일어나 하는 새벽 독서를 추천한다. 새벽 1시간은 낮 3시간에 버금가는 효율성이 있다고 한다. 그만큼 새벽 시간에는 집중력이 높아진다. 또한 새벽 기상을 통해 자존감도 높일 수 있다.

6. 리뷰를 써 본다. SNS, 개인 플랫폼을 활용하여 리뷰를 남기는 것도 좋다. 책을 매일 조금씩 읽고 혹은 완독 후 리뷰를 통해 자기 생각을 키워나가는 것이 중요하다. 글을 쓰기 싫은 날에는 사진이라도 남기자. 그러면 나중에 자신의 기록물을 확인할 수 있다. 독서 후 리뷰를 남기는 방법은 매우 다양하다. 좀

더 구체적으로 알아보자.

첫째, 나만의 인용구 베스트 3 정리와 별점 주기다. 많은 내용을 정리하기 힘들 때는 '나만의 인용구 베스트 3'만 정리해 본다. 그러나 이마저도 힘들다면 읽은 책에 대해 간단하게 별점을 주는 것도 괜찮다. 이런 리뷰 쓰기 활동을 지속하면 연간 독서량을 파악할 수 있다.

둘째, '본깨적' 읽기다. '본깨적' 읽기를 통해 책 내용을 내 것으로 만들고 생각을 키운다. 본깨적은 무엇일까? 그것은 본 것과 깨달은 것, 그리고 적용할 것이다. '본 것'은 작가가 한 말을 그대로 베껴 쓰는 것이고, '깨달은 것'은 읽은 것

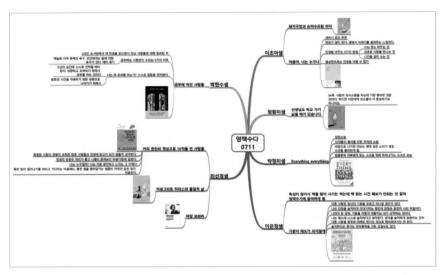

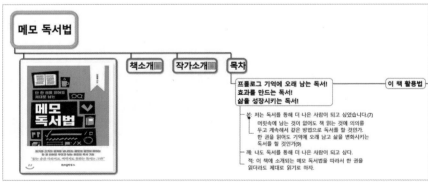

독서 마인드맵

에서 내가 깨달은 점, 느낀 점을 작성하는 것이다. 마지막으로 '적용할 것'은 내가 바로 실천할 것을 정리하는 것이다.

셋째, 씽크와이즈를 활용한 독서 노트 기록이다. 독서 후 책의 내용을 정리할 때 온라인 마인드맵 프로그램을 사용할 수도 있다. 마인드맵으로 정리하면 책 내용이 시각화되어 구조적으로 분석하기가 더 쉬워진다.

7. 나만의 베스트셀러 책장을 만들어 본다. 독서에 흥미를 붙이기 위해서는 환경 설정도 중요하다. 그래서 나도 책을 꽤 많이 구입했고, 나만의 베스트셀러 책장을 만들었다. 내가 만든 과정은 다음과 같다.

우선 책장에 있던 기존의 책들을 다 치웠다. 그리고 최근에 읽은 책 중 재독하고 싶은 책들로 가장 위 칸을 채웠다. 두 번째 칸은 교육공동체에서 함께 읽을 필독서를, 세 번째 칸은 좋아하는 작가의 책으로 정리했다. 이렇게 정리를 마치니 좋아하는 책을 수시로 꺼내 볼 수 있게 되어 마음의 안정감도 찾을 수 있었다.

나만의 베스트셀러 책장

전문적 학습공동체 속에서 성장하라

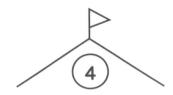

평화롭고 행복한 교실은 혼자서 만들 수 있는 것이 아니다. "아이 하나 키우려면 온 마을이 필요하다."라는 속담처럼 한 사람의 교사를 키우기 위해서는 온 학교가 필요하다고 해도 과언이 아니다. 특히 동학년 교사들과의 협력 관계가 무엇보다 중요하다. 우리 반만의 특색 있는 학급 활동을 하는 것도 중요하지만, 학년 전체에서 일관된 메시지로 모든 교사들이 함께 학생들을 지도할 때 제대로 된 생활 지도가 가능해지기 때문이다.

동료 교사에게 학급경영에 대한 자신의 서투름을 공개하는 것 같아 자꾸만 감추던 이야기들을 우연한 기회에 마음을 열어 나누다 보면 참 희한하게도 서로에게 힘을 얻는다. 특별한 처방을 받는 것도 아닌데 동료 교사가 내 아픔을 들어 주고 이해해 주고 있다는 사실만으로 위로를 얻게 되는 것이다. 동료 교사들과 혹은 학생과 교사가 함께 공동체를 만들어 가는 것은 충분히 실현할 수 있는 일이다. 공동체를 만들어 가는 동안 학급 내에서 일어나는 변화를 경험하면 교사의 자존감도 높아진다.

잡 크래프팅을 교직에 적용하라

다양한 연구회 활동에 참여하던 중 최근 잡 크래프팅의 개념을 접하고 크게 공감

했다. 잡 크래프팅(Job Crafting), 즉 직무재창조란 공식적인 역할과 업무 수행에 머무르지 않고, 자발적으로 자신의 일을 바라보는 관점을 긍정적으로 바꾸고 업무 범위와 관계를 조정하여 스스로 동기를 일으키는 노력을 말한다. 성공적인 잡 크래프팅을 위해서는 이것이 단지 나를 위한 것이 아니라 조직과 동료에게도 가치 있는 일이라는 공감을 얻는 것이 중요하다. 효과적인 잡 크래프팅 방법은 다음과 같다.

1. 업무의 난이도와 범위 조정하기

자신의 권한 내에서 과제의 개수나 난이도를 조정하면 개인의 역량과 과업의 난이도가 조화를 이루며 업무 몰입도가 향상된다. 자신에게 부여된 일이 아니라도 잘할 수 있거나 흥미가 생기는 분야에 대해서는 지속적으로 관심을 갖는다. 그러다 보면 새로운 기회가 생길 수 있다.

2. 고객 및 동료와 관계 재구축하기

3. 자신의 일에 긍정적인 의미 부여하기

내가 지금 하는 이 일을 긍정적으로 바라보자. 끊임없이 나만의 철학을 세울 필요가 있다. 될 듯 안 될 듯한 도전적인 일을 시도해 보면 실패하더라도 성찰을 얻는다. 실패의 경험을 바탕으로 더 발전할 수 있다. 자기 자신에 대한 믿음이 중요하다.

4. 자신의 강점을 찾아 투자하고 발전시키기

약점에 묶여 있지 말고 그 시간에 강점을 강화하자. 나만이 잘할 수 있는 분야를 찾아 개발하자. 한 가지 일에 정성을 다하는 장인정신을 키우자. 몰입도를 높이자.

5. 동료와 함께하기

'멀리 가려면 함께 가라'는 말이 있다. 혼자서는 쉽게 지친다. 오래 가려면 동료와 함께해야 한다. 나와 함께할 동료를 만들기 위해서는 상대방의 말에 귀를 기울이고 그 사람이 처한 맥락을 파악해야 한다. 기발한 발상은 어쩌다 만난 약한 유대관계(Weak Tie)에서 나온다. 매일 만나던 사람만 만나지 말고 생소한 모임에 나가 새로운 사람도 만나야 한다.

잡 크래프팅은 우리가 몸담고 있는 교직에도 적용할 수 있다.

1. 내가 맡은 업무와 관련하여 난이도와 범위를 조정한다.
2. 동료 교사, 학생과 긍정적인 관계를 형성한다.
3. 전공과 상관없는 분야에 도전한다.
4. 잘하는 분야의 특기나 장점을 수업에 적용한다.
5. 학교 밖에서 만난 약한 유대관계에서 영감을 얻는다.

나는 특히 교육공동체의 필요성에 크게 공감했다. 학교 안의 동료 교사들이 마음이 맞아 의기투합한다면 더할 나위 없이 좋겠지만, 그게 아니라면 학교 밖에서라도 비슷한 관심사를 가진 사람들을 만나 교육공동체를 형성하는 것이 바람직하다고 생각한다. 학생에게 '그 아이만을 위한 단 한 사람'이 필요하듯이 교사에게도 그 한 사람이 필요한 것이다. 나를 지지해 주는 사람이 단 한 명이라도 있다면 큰 힘을 얻을 수 있기 때문이다. 그렇게 자신이 세상에서 다른 그 누구와도 바꿀 수 없는 유일무이하고 소중한 존재라는 것을 인식하게 되면 자존감이 올라간다. 교육공동체에서는 각자의 경험과 재능을 공유하는 것만으로도 서로에게 큰 도움이 된다. 자신의 강점을 살리면서 함께 성장하는 교육공동체가 필요하다.

마스터마인드 그룹을 꿈꾸는 '고래학교'

보통 3~7명이 정기적으로 모여 아이디어와 정보를 교환하고 토론을 벌이며 서로를 격려하고 자극하는 그룹을 '마스터마인드 그룹'이라고 칭한다. 이는 나폴레온 힐이 『놓치고 싶지 않은 나의 꿈, 나의 인생』에서 주창한 개념으로, 명확한 목적을 가지고 전문가들로 결성된 팀이다. 마스터마인드 그룹은 팀이 모두 완벽하게 조화를 이룬 상태에서 하나의 목적을 위해서 협력한다는 것이 핵심이다. 교육공동체 역시 마스터마인드 그룹으로 성장할 수 있어야 한다. 마스터마인드 그룹에는 몇 가지 규칙이 있다. 격의 없이 비판할 수 있어야 하고, 비판을 선의로 받아들일 수 있어야 한다. 또 구성원들 간에 실력 차가 크지 않아야 하고, 작은 힘이라도 보태려는 마음, 서로에게 도움을 주려는 마음을 가지고 있어야 한다. 이런 마스터마인드 그룹을 목표로 내가 운영 중인 모임이 있다. 바로 '고래학교'다.

고래학교는 아래와 같은 안내 공고문을 시작으로 2019년 2월 문을 열었다.

"고래학교는 서로의 꿈을 응원하고 상호 성장을 지원하는 교사성장학교입니다. 우리는 선생님들이 자신이 이미 무언가를 할 수 있는 충분한 존재임을 깨닫기를 바랍니다. 용기 내어 무엇이든지 도전하기를 바랍니다. 그리고 세상에 선한 영향력을 끼치며 살아가기를 바랍니다. 선생님의 꿈을 응원합니다. 2019년 한 해 동안 교실에서, 그리고 학교에서 선생님이 도전하고픈 것이 있다면 그것을 이룰 수 있도록 서로 힘이 되어 주면 좋겠습니다."

- 고래학교 = 고(Go!) 래(Future) 학교 = Go to the future school
- 모토 : 꿈은 크게
- 마음속에 푸른 바다의 고래 한 마리 키우지 않으면 청년이 아니지 – 정호승

고래학교는 단순히 수업 방법을 배우는 모임이 아니라 서로 위로하고 공감할 수 있는 진정한 내 편을 만드는 커뮤니티가 필요하다는 생각에서 출발한 모임이다. 교사도 마음의 돌봄이 필요한 외롭고 힘든 직업이다. 내 마음이 편해야 아이들과 눈을 맞추고 이야기할 여유도 생긴다. 이런저런 연수를 듣고 모임에 나가 공부를 하면서 내가 깨달은 것은 그 어떤 수업 방법이나 철학보다 중요한 것이 나를 세우는 것, 그리고 회복탄력성을 기르는 것이라는 사실이었다. 그리고 이를 위해서는 연수 시간을 인정

받기 위해 일시적으로 모이는 것이 아니라 최소한 1년 이상 긴 호흡으로 만나는 자발적인 모임, 기댈 수 있는 동료를 만드는 모임이 필요하다고 생각했다.

고래학교에서는 유명강사를 초청해서 강연을 듣지 않는다. 구성원들끼리 돌아가면서 자신의 재능을 기부한다. 재능을 공유함으로써 함께 성장한다. 매달 책을 정해서 읽고, 동시에 자신이 읽고 있는 책을 자유롭게 공유한다. 책을 읽고 무언가를 배우는 기쁨도 크지만 그것을 사람들과 공유할 때 그 기쁨은 배가 된다. 또한 온오프라인 만남을 통해 나와 비슷한 생각을 가진 사람들과 만날 수 있고, 서로의 고민을 나누면서 '나만 그런 건 아니구나'라는 위안과 에너지를 동시에 얻을 수 있다.

고래학교, 선생님들을 응원하고 지지하다

실제로 고래학교에서 3년간 활동하고 졸업한 졸업생들의 이야기를 들어 보자.

◈ 나에게 고래학교란?

– 고래학교란 내 절친/옹달샘/성장공동체/수다방/에너지/나의 든든한 빽/디딤돌/멋진 친구들이 모인 곳/소통로다.

– 고래학교는 북극성이다. 흔들릴 때, 멈춰 있을 때, 그리고 무언가를 하고 싶을 때 교사들에게 나아갈 방향을 알려 주기 때문이다.

– 고래학교는 보물창고다. 잘 찾아보면 보물 같은 인맥과 정보가 퐁퐁 샘솟는다.

– 고래학교는 복사기다. 처음 고래학교에 왔을 때 엄청난 선생님들의 능력을 모두 복사하고 싶었어요. 저의 능력이 미진하여 3년이란 시간을 함께하면서도 선생님들의 능력을 복사하지는 못했지만 열정만은 복사하고 나가는 것 같아요.

– 고래학교란 나침반이다. 교사로서 살아갈 방향을 제시해 주고 든든한 기준이 되어 준다.

– 고래학교란 고향 친구다. 비록 자주 볼 수는 없지만 언제라도 보면 너무너무 반

갑고 친숙하다.

◆ 고래학교의 좋은 점
- 서로를 인정해 주고 수시로 칭찬과 격려를 아끼지 않는다는 점
- 서로의 성장을 위해 노력하는 따뜻한 마음씨를 가진 고래들이 모였다는 점!!
- 다양한 선생님들과 교류할 수 있고 성장 동기를 부여해 준다는 점
- 서로 가르치고 배우고 공유하며 함께 성장하는 곳이다.
- 힘들 때 위로받을 수 있고, 기쁨을 함께 나누는 힐링 공간이다.
- 마음 따뜻하고 열정적인 교사를 만날 수 있다.
- 스스로 주체가 되어 보는 경험, 틀에 얽매이지 않는 자유로운 공유의 장을 누비는 경험을 할 수 있다.
- 어떤 간섭도 없이 유초중등, 특수, 보건 다양한 샘들과 교류할 수 있다.
- 교육과 관련된 모든 고민과 자랑을 맘껏 얘기할 수 있는 곳이다.
- 각자의 장점을 함께 나누는 것이 좋다. 교실이라는 공간(특히 초등은 각자의 왕국인 교실에 갇혀서 바깥세상을 몰라요)에 갇혀서 동료 교사와 서로가 무엇을 좋아하고 무엇을 잘하는지에 대해 나눌 기회가 없다. 그런데 고래학교에서는 각자의 관심사를 나누면서 함께 성장해 가는 것이 참 좋다.
- 자유로운 분위기, 공감하고 지지하는 마음, 함께한다는 든든함이 있다.
- 다양한 학교에 있는 선생님들과 공감하는 대화를 나누며 이해의 폭이 넓어진다. 관심사가 비슷하면서도 달라서 삶이 다채로워진다.
- 늘 무언가를 할 수 있게끔 용기와 희망과 격려를 해 준다.
- 바쁘다는 핑계로 책을 자주 못 읽는 나에게 책을 읽을 수 있는 기회를 준다.
- 다양한 세계를 경험하게 해 준다.

이것은 비단 내가 운영하는 고래학교에만 해당하는 이야기는 아닐 것이다. 대부분의 전문적 학습공동체에 소속된 선생님들은 이런 소속감과 응원과 지지를 느끼고 있

을 것이다. 바로 이런 소속감과 느낌 때문에 전문적 학습공동체에 참여하게 되는 것이 아닐까?

담임교사가 학생들과 소통하며 그 역할을 수행하는 데 어려움을 겪는 것은 너무도 당연하다. 놀랍게도 대부분의 교사가 교직에 들어서기 전에 제대로 된 담임교사의 역할에 대해 단 한 번도 배운 적이 없기 때문이다. 대학에서는 학생들에게 교과를 잘 가르쳐야겠다는 생각만으로 교과 내용과 학습법만을 공부한다. 그리고 교사가 된 뒤에도 담임교사로서의 철학과 학급경영의 노하우를 배울 곳을 찾기가 어렵다.

학교 안에서 힘들다면 학교 밖 교육공동체 사람들을 만나 찾으면 된다. 배울 곳이 없다면 우리가 만들면 된다. 현장에서 혼란과 고통을 겪고 있는 교사들에게 공감과 위로를 건네고 대안을 모색하려는 노력을 우선 나부터 시작해야 할 것이다. 교사로서 전문성을 갖추고 나아가 그것을 공유하며 서로 성장하는 문화를 만드는 일, 그것은 다른 누구도 대신할 수 없는 바로 우리에게 주어진 과제다.

낯선 행동을 다루는 소통의 기술

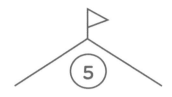

문제행동이 아니라 '낯선 행동'이다

'낯선 행동'이라는 용어는 영어 이티방을 이끌고 있는 송형호 선생님을 통해 처음 접했다. 선생님은 학생들의 다양한 문제행동을 '문제행동'이 아닌 '낯선 행동'으로 칭해야 한다고 주장하셨다. 교사를 당황하게 하는 학생들의 행동을 '문제행동'이라고 여기면 그 학생을 부정적으로 바라보게 되고 잘못된 행동이니 야단쳐서 고쳐야 한다는 생각에 머무르기 쉽다. 하지만 '낯선 행동'이라고 여기면 학생이 왜 그런 행동을 하는지에 초점을 맞추게 되고, 학생에게 필요한 도움이 무엇인지를 고민하게 된다는 것이 선생님의 주장이다. 나는 이 의견에 적극 공감한다. 관점과 시선을 바꾸면 학생들의 행동도 다르게 보인다.

송형호 선생님이 운영하는 영어강사 톡방에서 토드 휘태커의 『교실에서 바로 쓸 수 있는 낯선 행동 솔루션 50』을 함께 번역하자는 제의를 받고 나도 몇 챕터 번역에 참여했다. 학생들의 바람직하지 않은 행동을 미리 예방하고 다루기 위해서는 새로운 접근법이 필요함을 느끼고 그 방법을 찾던 중 만난 책이기에, 또한 내가 학생 지도에 어려움을 겪고 있던 무렵에 만난 책이기에 너무나 반가웠다. 그래서 잘 해낼 수 있을까 하는 망설임보다 함께하고 싶은 마음이 더 컸기 때문에 번역에 참여했다. 사실 번역 당시에는 내가 맡은 부분만 열심히 파고들어 번역한 후 원고를 넘겼던 터라 이 책의 진가를 알지 못했다. 그러나 책이 출간된 후 1장부터 50장까지 아침마다 하루에 한 챕터씩 읽어 나가면서 이 책의 진가를 알게 되었다. 이 책을 읽은 후에는 그 내용이 너무 좋아서 원서로 하루에 한 챕터씩 다시 낭독하면서 읽었다. 이 책을 반복해서 읽는 동안 학생들의 낯선 행동을 바라보는 내 시선이 많이 바뀌었다.

20년 넘게 교직에 몸담은 나한테도 많은 도움이 된 책이다. 내가 이미 실천하고 있는 부분을 읽을 때는 '그래, 그렇지. 잘하고 있었구나'라는 위안을 얻을 수 있었고, 미처 실천하지 못한 부분을 읽을 때는 '내일부터는 아이들에게 미소를 띠며 인사를 건네 봐야겠어'라고 다짐했다. 이 책의 목차만 봐도 학급경영과 관련한 많은 아이디어를 얻을 수 있을 것이다. 어느 내용 하나 버릴 것이 없지만, 그중에서도 크게 와닿았고 교실 상황에 바로 적용할 수 있을 것 같은 구절을 몇 개 나눠 보려 한다.

우리는 학생을 가르치기 이전에 학생에게 다가가야만 한다. 모든 학생이 각자 자신만의 문제, 자신의 꿈, 장점, 단점, 능력, 부족한 점을 가지고 있다. 하지만 우리는 아이 개개인이 다 특별하다는 것을 믿는다. 모든 아이는 기회를 누릴 자격이 있다. 그리고 두 번째, 세 번째, 네 번째 기회 역시 누려야 한다. 모든 아이는 자신을 믿어 주는 교사를 가질 자격이 있다.

　　　　　　－『교실에서 바로 쓸 수 있는 낯선 행동 솔루션 50』의 '프롤로그' 중에서

일반적으로 알려진 것과 달리, 교실에서의 주요 문제는 학생들이 규칙을 지키지 않아서가 아니다. 오히려 교사가 확실하게 정립하고 꾸준히 실천하는 관행과 절차가 부족하기 때문이다. … 최고의 교사들은 그들이 훈육 면에서 도전받는다 하더라도, 거의 문제없다. 어떻게 그 도전이 문제가 되지 않도록 피할 수 있는지 알기 때문이다. 그들의 비결은? 바로 명확하고 일관성 있는 규칙과 절차다!

　　　　－『교실에서 바로 쓸 수 있는 낯선 행동 솔루션 50』의 '규칙과 절차를 갖추어라' 중에서

스스로에게 물어보자. "매일 나는 학생들에게 얼마나 열정적으로 보일까?" 정

직하게 답하면 아마도 "충분하지 못해."일 듯하다. 교사로서 우리는 우리의 일을 너무 심각하게 받아들이기 때문에 때로 너무 심각해 보인다. 하지만 가장 열정적인 교사들에게는 아이들의 낯선 행동이 거의 없다는 사실을 우리는 어렵지 않게 발견한다. 오해하지 말라. 훌륭한 학급운영 기술과 충분한 지식이 필요하지 않다는 의미는 아니다. 필요하다. 그러나 평균적인 교수 능력을 소유한 열정적인 교사가 역량 등급이 평균 이상이지만 열정 없는 교사보다 훨씬 더 효율적이다.

－『교실에서 바로 쓸 수 있는 낯선 행동 솔루션 50』의 '열정은 열정을 낳는다' 중에서

왜 같은 학생들이 어떤 교사에게는 예의 바르게 행동하고, 또 다른 교사에게는 그렇게 하지 않을까? 같은 학생들이 다른 교실 혹은 수업에서는 다르게 행동한다고 알려져 있다. 사정이 이럴진대, 이를 학생의 문제라고 할 수 있을까? 교실에는 2가지 유형의 문제가 있다. 즉, 학생의 문제와 교사의 문제이다. … 하지만 문제는 어떤 교사는 학생들이 더 나은 행동을 촉진할 수 있도록 실행할 수 있는 몇 가지 간단한 학습전략을 모르고 있다는 것이다.

－『교실에서 바로 쓸 수 있는 낯선 행동 솔루션 50』의 '학생의 문제인가, 교사의 문제인가' 중에서

훌륭한 교사와 그렇지 않은 교사를 가르는 한 가지 중요한 특징은, 훌륭한 교사는 학교에서 항상 미소 짓고 있다는 점이다. 또한 이들은 매일 학생들에게 긍정적인 본보기가 되는 중요성을 인식한다. 이는 훌륭한 교사가 부정적인 동료 교사보다 인간적인 약점이 더 적어서가 아니다. 그들의 생활이 더 편해서도, 혹은 부정적인 동료 교사들이 반박할지도 모르지만, 항상 최고의 예의 바른 학생들만 만나서도 아니다. 단지 훌륭한 교사는 힘든 상황 속에서도 웃는 것이 얼마나 중요한지 알고 있다는 뜻이다.

－『교실에서 바로 쓸 수 있는 낯선 행동 솔루션 50』의 '웃고, 웃고, 또 웃어라' 중에서

슬프게도 교실에서 학생에게 소리칠 때, 스스로 감정을 통제하지 못한다고 공

개적으로 인정하는 것과 다름없다는 것을 소리치는 교사는 이해하지 못한다. 과연 자신의 감정을 통제하지 못하는 교사가 학생에게 자신의 감정을 통제하는 법을 가르칠 수 있을까? 어림없다.

– 『교실에서 바로 쓸 수 있는 낯선 행동 솔루션 50』의 '어리석은 자만이 흥분한다' 중에서

지금까지 소개한 글을 읽고 어떤 생각이 떠오르는가? 교실 속에서의 내 모습을 돌아보자. 교실에서 얼마나 자주 웃는지, 얼마나 자주 화를 내는지, 또 왜 화가 났는지를 되돌아보는 것이다. 그리고 앞으로 어떻게 학생들을 대하면 좋을지, 어떻게 하면 교실에서 선생님과 학생이 함께 행복할 수 있을지를 고민해 보자.

'낯선 행동'을 하는 학생과 긍정적 관계 맺기

아이들과의 좋은 관계를 원한다면, 먼저 아이의 감정을 헤아려 공감할 수 있어야 한다. 아이를 바로잡는 것은 그 아이의 감정을 이해하고 공감하는 데서 시작된다. 겉으로 보이는 감정적 행동에 반응하지 말고, 그 행동 뒤에 숨어 있는 아이의 '욕구'를 볼 수 있어야 한다. 신뢰 관계가 형성되지 않았을 때는 '지금 기분이 어때?'라고 묻는 것이 가장 이상적인 질문이다.

학생들 사이의 갈등 상황과 교사와 학생 사이의 갈등 요소를 해결하기 위해서는 세심함이 필요하다. 우선 일상적인 대화에서 갈등의 씨앗을 키우지 않도록 노력해야 한다. 담임교사는 학생들 사이에서 일어날 수 있는 갈등을 예상하고 예방하려고 노력해야 한다. 문제를 일으키는 학생을 탓한다고 문제가 해결되는 것은 아니다. 동료나 가족에게 교실에서 일어난 일들을 하소연한다고 해도 마찬가지다. 올해는 이미 망했으니 내년에 좋은 아이들을 만날 수 있게 해 달라고 열심히 기도해도 지금의 문제는 여전히 현재진행형이다. 문제를 해결하는 방법은 하나밖에 없다. 아이들과의 관계를 단단히 하는 것! 아이들을 탓하거나 문제를 회피하는 담임교사는 갈등 상황을 증폭시킨

다. 낯설고 어색한 학급을 하나의 공동체로 만들어 갈 때 교실 내 갈등은 최소화된다.

지금부터는 평소 내가 실천하고 있는 '낯선 행동'을 하는 학생들과의 긍정적 관계 맺기에 효과가 있었던 방법 몇 가지를 소개해 보려고 한다.

1. 공동의 목표를 달성하는 활동을 하라

경쟁이 아닌 협력을 이끌어 내는 학급경영을 한다. 아이들이 자발적으로 참여하도록 하는 것이 목표다. 모둠 대항이나 반 대항 단합대회가 이에 해당하겠다. 반 대항으로 스포츠 경기를 할 때 아이들은 시키지 않아도 연습과 응원에 몰두한다. 또 칭찬나무에 칭찬 스티커를 30, 60, 90, 100개 채울 때마다 반 전체에 혜택이 돌아가게 하는 것이다. 이때 칭찬 스티커 받는 방법은 학생들이 모두 참여할 수 있는 것으로 하여 낯선 행동을 하는 학생들도 이 활동에 기여할 수 있는 기회를 주는 것이 좋다. 이게 무슨 큰 효과가 있을까 싶겠지만, 실제 적용해 보면 생각이 달라질 것이다. 나는 이미 학생들이 스티커 하나를 더 받기 위해 교과 선생님들에게 "우리 담임샘한테 저희 수업 잘했다고 꼭 말씀해 주세요!"라고 하면서 열심히 수업을 들으려 노력하는 모습을 많이 봐 왔다.

'우리'라는 공동체 의식은 학급 구성원의 행복과 밀접한 관련이 있다. 학생들에게서 '우리 반', '우리 선생님'이라는 말이 자연스레 나올 때, 즉 학급에 공동체 의식이 자리할 때 담임교사의 자존감은 높아지고 학생들의 안정감과 즐거움이 자라나기 때문이다. 담임교사는 학생들에게서 이 같은 심리적 보상을 받아야만 고된 업무를 견딜 내적인 힘을 얻는다.

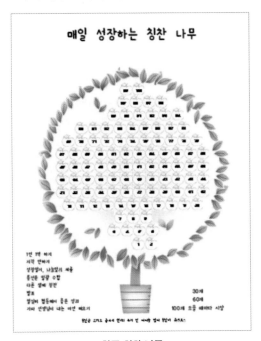

학급 칭찬 나무

2. 드러나게 칭찬하고 고마움을 표현하라

학생을 칭찬하는 가장 간단한 방법 중 하나는 학생의 행동이 칭찬받을 가치가 있다는 것을 알아차렸을 때 "고마워."라고 말하는 것이다. 교사가 학생에게 고맙다고 말하는 것은 그 학생을 좋은 학생으로 여긴다는 의미로 받아들여진다. 교사가 자신을 좋게 평가한다고 느끼는 학생들은 더 나은 행동을 하기 마련이다. 좋은 행동에 대해 학생들에게 고마움을 표현하는 것은 교사와 학생이 긍정적 관계를 만들어 가는 데 큰 도움이 된다.

칭찬을 제대로 활용하는 방법 중 하나는 다른 교사들이나 학부모에게 학생을 칭찬하는 것이다. 학생의 귀에 들어가게 그 학생의 좋은 행동에 관해 다른 사람들에게 칭찬하는 교사의 행동은 때로 큰 효과를 가져온다. 교무실에서 교사들이 특정 학생의 낯선 행동에 대해 이야기할 때 해당 학생이 교무실에 불쑥 나타나는 경우가 있다. 나는 그럴 때마다 학생이 들을 수 있도록 'ㅇㅇ가 영어 시간에 진짜 열심히 하잖아요."라고 이야기한다. 이렇게 교사가 다른 사람들에게 자신을 칭찬하는 것을 학생이 듣게 되면 학생과 교사 사이에 유대감이 쌓인다. 나는 때때로 조례, 종례 시간에 특정 교과 선생님이 우리 반 분위기가 좋다고 칭찬했다는 말을 "수학 선생님이 그러시던데, 수학 시간에 너희들이 그렇게 집중을 잘했다면서? 7반 수업 분위기 좋다고 소문이 났어."라고 전하곤 한다. 이렇게 하면 담임 선생님인 나는 물론이고 수학 선생님과 학생들의 관계에도 긍정적인 영향을 미친다.

나는 학부모님들에게도 학생 칭찬을 많이 하는 편이다. 그래서 학부모 상담 후 부모님들께 꼭 당부드리는 말씀이 있다. "어머님, ㅇㅇ한테 담임 선생님이 학교생활 잘한다고 칭찬하더라고 꼭 전해 주세요. 실제로 잘하고 있어요." 이런 식으로 선생님이 자신에 대해 좋은 이미지를 가지고 있다는 것을 주지시킴으로써 학생들이 교사의 기대에 부응할 수 있도록 이끄는 것이다.

3. 학생에게 의미 있는 역할을 부여하라

많은 교사들이 이미 1인 1역을 정하여 운영하고 있다. 1인 1역은 학생들의 소속감과 자존감을 높여 준다. 이때 선생님이 아니라 아이들이 주도적으로 역할을 선택하게 하면 그 효과가 더 좋다. 1인 1역의 효과는 "사람들은 자신이 영향을 줄 수 있다고 여기는 일을 할 때, 다양한 역량이 필요한 일을 할 때, 시작부터 완성까지 통제할 수 있는 일을 할 때 일에 더 헌신적으로 몰입하게 된다."는 연구 결과에서도 확인할 수 있다.

책임감은 어떤 대상이나 어떤 일에 대한 자신의 의무를 중요하게 여기는 마음이다. 작은 일을 책임감을 가지고 해내는 경험을 통해 더 큰 책임감을 기를 수 있다. 그러니 못 미덥더라도 학생들에게 작은 책임을 부여함으로써 조금씩 책임감을 가질 수 있도록 이끌어야 한다. 교사가 무책임한 학생에게 그가 얼마나 무책임한지를 상기시키는 행동을 계속한다면 그는 훨씬 더 무책임하게 행동할 것이다. 핵심은 교사가 집중하는 행동은 확장되고, 무시하는 행동은 사라진다는 것이다. 학생들을 책임감 있게 만드는 데 집중하면, 그들의 무책임함은 줄어들게 된다는 말이다. 무책임함이 줄어들면 자연스럽게 좋은 행동이 발전한다.

학생들은 자신이 환영받고 필요하고 가치 있는 존재라고 느낄 때 낯선 행동을 덜 한다. 대부분의 학생은 교사가 자신에게 부탁이나 심부름을 요청하는 것을 좋아한다. 스스로 중요한 사람이라고 느끼기 때문이다. 모든 사람은 자신이 중요한 존재라고 느끼기를 원한다. 부탁이나 심부름은 학생에게 기쁨을 느끼게 하고 자존감도 높여 준다. 동시에 학생을 칭찬할 기회를 만들어 준다. 낯선 행동을 하는 학생들에게 사소한 심부름, 부탁을 하고 그에 대한 고마움을 표현하면 관계를 돈독하게 할 수 있다.

4. 유머를 장착하라

나는 하이 개그로 아이들을 웃음 짓게 만들곤 한다. 물론 매번 성공하는 것은 아니다. 내 입꼬리가 슬며시 올라가는 것을 보려고 나를 웃기려 애쓰는 학생들도 있다.

교사는 학생들과의 첫 만남에서 자신의 별명이나 재밌는 에피소드를 곁들여 스스로를 소개하는 것이 좋다. 이렇게 유머러스한 이야기를 건네면 경직되지 않고 편안하게 첫 수업을 시작할 수 있다. 약간의 아재 개그도 나누며 낙관적이고 행복한 교실 분위기를 만들자. 이것은 학생의 낯선 행동을 예방하기 위해 교사가 할 수 있는 가장 간단한 방법 중 하나다.

나는 적절하지 못한 행동을 하는 학생을 보면 일단 그 학생의 이름을 크게 부른 후 심부름을 시킨다. 해당 학생은 자기가 혼날 줄 알았는데 그게 아닌 걸 알고 안심한다. 그러면 낯선 행동이 저절로 사라지는 경우가 많다. 이것이 바로 관심 전환 기법이다.

우리는 행복하다고 느낄 때, 우리가 직면한 문제와 스트레스에 덜 집중하게 된다. 나는 내가 출입문을 열고 교실에 들어설 때 아이들에게 박수와 환호를 하라고 한다. 즐겁다고 생각하면 우리 뇌는 실제로 그렇게 느낀다는 것을 잘 알고 있기 때문이다. 그러니 아주 사소하더라도 긍정 에너지가 교실에 퍼져 나갈 수 있는 장치를 꼭 마련하기 바란다. 교사가 더 많이 웃고, 더 많이 미소 짓는 방법은 어떨까?

5. 결정적 시기에 관심을 표현하라

모든 학생은 저마다의 이야기를 가지고 있다. 그래서 교사가 학생들을 알기 위해 아무리 노력한다 할지라도 모든 학생의 이야기를 완전히 알 수는 없다. 모든 좋은 행동과 낯선 행동은 학생의 개인 사정에서 기인한다. 때문에 그 학생의 입장에 온전히 서지 않고는 그 행동들을 진정으로 이해할 수 없다. 학생의 행동을 관찰하고 개선하려는 노력도 필요하지만, 그보다 행동 이면에 숨어 있는 속마음을 들여다보는 노력이 선행되어야 한다. 그들의 욕구를 알아차려야 한다. 한편 교사는 학생의 행동을 개인적으로 받아들여서는 안 된다. 이것은 정말 중요하다. 학생이 낯선 행동을 하는 것은 교사의 탓이 아니다. 교사가 자신을 스스로 비난하다 보면 오히려 아이를 탓하게 되어 관계가 더 틀어지고 상황을 악화시킬 수 있다.

"우리 반은 3학년 7반이고, 최선경 선생님이 담임으로 계신다. 최선경 선생님께서는 뭐든 안 해 주실 것처럼 얘기하시지만, 꼭 해 주시고 우리를 위하는 것이 잘 느껴져서 좋다."

이 글은 내가 담임을 맡았던 학생이 중학교 3학년 생활을 돌아보며 쓴 것이다. 나는 학생들에게 '츤데레'라는 말을 자주 듣는다. 평소에는 무뚝뚝하다가 가끔 학생들에게 관심이 있다는 것을 내비추면 "어, 선생님이 그걸 어떻게 아셨어요?"라고 놀라곤 한

행복한 교사가 행복한 교실을 만든다 – 중등 학급경영

다. 생각지 못한 순간에 따뜻하게 건네는 말 한마디에 학생들은 '와, 우리 선생님한테 저런 면도 있었구나' 하는 것이다. 인간관계에서 의외성이 주는 매력은 상당히 크다.

엎드려 있는 학생에게는 "너는 맨날 잠만 자니?"라고 이야기하는 것보다 "너 어디 아프니? 아파서 누워 있는 거니?"라는 말로 접근하는 것이 좋다. "너, 괜찮아?" 이 짧은 말은 '난 네가 걱정돼'라는 뜻이다. 내게 마음을 쓰고 관심을 가지는 누군가가 있다는 걸 아는 것보다 더 기분 좋은 일이 있을까? 선생님이 자신에게 마음을 쓰고 관심을 가진다고 느끼면 어떤 학생이든 더 잘 행동하려고 하지 않을까? 때로는 교사가 아이의 부적절한 행동에 작은 관심과 염려를 표현하는 것만으로도 낯선 행동이 줄어들기도 한다.

교사가 마음을 쓴다는 사실을 학생들이 자동으로 알아주는 것은 아니다. 많은 학생이 교사가 자신에게 관심이 하나도 없다고 가정한다. 어떻게 해야 학생들이 스스로 교사의 관심을 받고 있다고 느끼게 할 수 있을까? 교사가 학생들에게 마음을 쓴다는 것을 그들에게 확신시키는 것, 그것이 우리가 해야 할 일이다. 교사는 아이에게 자신이 그를 믿는다고 확신시킴으로써 그 아이의 관심사 안으로 들어갈 수 있다. 눈빛, 말, 바디랭귀지, 글 등 다양한 방법으로 교사의 관심을 학생에게 전달해야 한다. 학생들에게 교사가 관심이 있다는 것을, 그리고 걱정하고 있다는 것을 꼭 확신시키자. 그러면 낯선 행동이 눈에 띄게 줄어들 것이다. 학생들과 교사 사이에 유대감을 쌓으려면, 교사가 학생들에게 관심을 가지고 있다는 학생의 믿음이 반드시 필요하다. 학생들은 교사가 자신을 존중하는 방식으로 교사를 존중한다. 그러므로 교사는 학생들이 교사가 자신을 존중하고 있음을 느낄 수 있도록 존중하며 훈육해야 한다.

6. 공감하는 대화를 습관화하라

"아이의 웃는 얼굴에 부모가 행복감을 느끼듯, 아이도 부모의 웃는 얼굴에 행복감을 느낍니다."

— 『어떻게 말해줘야 할까』의 '육아 이야기' 중에서

오은영 박사의 『어떻게 말해줘야 할까』를 읽으면서 나는 학교 학생들에 대해 많은 생각을 했다. 아이의 한 부분만을 보고 쉽게 판단했던 것은 아닌지, 내 마음 편하자고 아이의 낯선 행동을 고치겠다며 섣부른 해결책을 제시했던 것은 아닌지, 절로 고민하게 되었다. 부모의 웃는 얼굴에 아이가 행복감을 느끼듯이 교사의 웃는 얼굴에서 학생들도 행복감을 느낄 것이라고 생각하니 학생들 앞에서 좀 더 자주 웃는 교사가 되어야겠다는 생각이 들었다.

이 책에서 가장 와닿았던 부분은 '외국어 회화' 배우듯이 '육아 회화'를 배워야 한다는 것이었다. 이는 부모가 자녀와 대화하는 언어를 연습해야 하듯이 교사도 학생과 대화하는 언어를 연습해야 한다는 의미다. 교사들도 제대로 된 공감 대화를 한 번도 배워 본 적이 없다. 그러니 마음은 그렇지 않은데 제대로 표현할 줄을 모르는 것이다. 이제라도 영어 회화 표현 암기하듯 학생들에게 들려줄 고마움과 인정의 표현을 연습해야 한다.

결국은 언어가 바뀌지 않으면 관계 개선도 힘들다. 상대의 이야기를 들어 주고 공감하는 것이 효과적인 관계 회복 방법이다. 일상에서 나누는 대화를 들여다보면 상대방 이야기를 경청하기보다는 상대가 이야기할 때 자신이 다음에 할 말을 생각하기도 하고, 상대방의 이야기가 채 끝나기도 전에 끼어들어 말하는 경우가 많다. 이는 대화의 단절을 불러온다. 상대방의 이야기에 오롯이 집중하고 끄덕이며 공감하는 것이 중요하다. 듣는 자세도 교육을 통해 습관화할 필요가 있다.

공감 대화를 습관처럼 만들기 위해서는 '생각 비우기, 귀 기울이고 침묵하기, 상대방 인정하기'의 자세를 익히는 것도 도움이 된다. '생각 비우기'는 나의 판단이 항상 옳은 것이 아닐 수 있음을 인정하는 것이다. 이런 생각으로 잠시 내 생각과 체계를 내려놓아야 상대방의 이야기에 귀를 기울이고 이해하려는 자세를 취할 수 있게 된다. '귀 기울이고 침묵하기'는 말 그대로 조용히 집중하여 상대의 이야기를 듣는 것이다. 이때 공감의 리액션을 곁들이는 것이 좋다. 마지막은 '상대방 인정하기'다. 모르는 분야를 학습할 때는 상대방의 말을 경청하게 된다. 하지만 잘 알고 있는 분야를 학습할 때는 몰입감이 떨어진다. 그러므로 내가 부족하다는 것을 인정해야 상대방을 인정하고 그 말에 몰입할 수 있다. 즉 겸손이 전제됐을 때 타인의 말을 진심으로 존중하며 들을 수 있는 것이다. 자신을 인정하고 상대방도 인정하는 것이 진정한 공감 대화이다.

초임 시절, 학생과 친구처럼 소통하는 교사를 꿈꾸지 않은 이는 없을 것이다. 그러나 불과 몇 달 만에 아이들을 꽉 잡는 선배 교사를 부러워하고 카리스마 넘치는 교사가 되고 싶다는 말을 서슴없이 하게 된다. 내가 상처받지 않으려고 학생들에게 상처를 주는 교사가 될 것인가, 아니면 악순환과 유혹의 고리를 끊고 학생들에게 한 걸음 더 다가갈 것인가.

만약 후자를 선택했다면 담임교사는 학생을 위해 일방적으로 헌신하는 사람이어서는 안 된다는 점도 기억해야 한다. 담임교사 역시 학생들의 배려와 사랑이 필요하며 학급에서 담임교사로서의 존재감이 명확해야 지치지 않는다는 사실을 기억하자. 헌신이나 희생이 아니라 교육적 기술이 있어야 상처받지 않는 관계와 소통하는 교실을 이룰 수 있다. 학생 생활교육은 프로그램이 아닌 교사와 학생들 간의 신뢰에서 출발한다. 아무리 좋은 프로그램이라도 교사가 학생들과의 신뢰를 바탕으로 제대로 운영하지 못하면 큰 효과를 볼 수 없다. 그리고 그 신뢰는 학생들과의 공감 대화를 통한 상담으로 시작되고 완성된다. 담임교사와 학생이 모두 행복한 교실을 위해 공감 대화를 배우고 익히는 기회를 자주 가질 수 있기를 바란다.

『행복한 교사가 행복한 교실을 만든다–중등 학급경영』을 집필하며 신쌤의 질문에 고쌤의 입을 빌어 코칭하듯 이런저런 이야기를 들려주면서 조금은 부끄러운 생각이 들었다. 내가 쓰고 있는 이 글대로 과연 나는 학급을 경영하고 있는지 반성이 되었기 때문이다. 이 책은 '이럴 땐 이렇게 하세요! 그러면 문제가 다 해결됩니다' 하고 명확한 답을 알려 주는 책이 아니다. 나의 교직 이야기이자 우리들의 교직 이야기다. 최대한 내가 직접 적용한 활동들을 느낀 점 위주로 기록하려 했다. 학급경영은 정해진 답이 없다! 각자 나만의 답을 찾아야 한다. 스스로 학급경영에 적용해 본 생각과 활동들이 하나하나 중요한 신념이 되어 좋은 선생님으로 이끌 거라 믿는다.

많은 훌륭한 연수들이 제안하는 학급경영이 교실을 바꾸지 못하는 이유는 무엇일까? 그것은 아마도 강사가 그 결론에 이르기까지의 과정과 그 속의 고민은 가져오지 못하고 달콤한 결론만 대뜸 교실에 적용하기 때문이 아닐까? 스스로 오랜 고민 끝에 만들어 낸 학급경영은 아이들을 기다려 주고 믿는다는 대원칙 아래 여러 가지 힘든 일을 겪어도 참고 인내하며 진행할 수 있다. 하지만 아무런 고민 없이 형식만 빌려온 학급경영은 조금만 뜻대로 되지 않으면 바로 '뭐야? 그 선생님이 얘기한 거랑 다르잖아, 뭐 이래?'라며 포기해 버린다. 씨를 뿌린 후 새싹이 돋고 또 열매를 맺기 위해서는 시간이 필요하다. 마찬가지로 아이들과의 관계에도 시간이 필요하다. 그리고 그 모든 것에 앞서 해야 할 일은 씨를 뿌리는 것이다.

아이들을 가르치는 길에 들어선 교사는 누구나 매일 실패한다. 나도 지금까지 크고 작은 실수와 실패를 수없이 했고, 오늘도 아이들과의 생활에서 후회되는 실수들을 저질렀다. 이 책을 썼다고 내가 맡은 반이 일 년 내내 아무 문제도 없을 거라고 생각한다면 심각한 착각이다. 문제 상황이 아예 없을 수는 없다. 문제 상황이 발생했을 때 어떻게 받아들이고 대처하느냐가 다를 뿐이다. 누구나 실패를 통해 배운다. 교사로서 성장하려면 수많은 실패를 경험해야 한다.

성장은 절대 그냥 이루어지지 않는다. 끊임없는 성찰을 통해 이루어진다. 완벽한 교육이 없는 것처럼 완벽한 교사도 없다. 존재할 수 없는 완벽한 교사가 되려다 보면 부정적 상황을 직면할 때 자칫 직업에 대한 회의감이 자존감 저하로 이어지고 무력감으로 전이되기 쉽다. 교실에서 아이들과 보내는 일 년 동안 당장 변화가 보이지 않으면 조금 지칠 수도 있다. 하지만 아이들은 분명히 콩나물시루의 콩나물처럼 조금씩 자라고 있다. 우리가 모르는 사이에 먼 훗날에라도 정말 중요한 변화는 분명히 찾아올 것이다. 그러니 아이들에게 더 중요한 것이 무엇인지 끊임없이 자신에게 물어 보자. 그렇게 질문하던 중에 허승환 선생님의 학급경영 책에서 만난 다음의 문구가 내 마음에 들어왔다.

"교사는 누군가를 이끌어 주는 사람이다. 여기엔 마법이 있을 수 없다. 나는 물 위를 걸을 수 없으며 바다를 가를 수도 없다. 다만 아이들을 사랑할 뿐이다."

– 『내 안의 빛나는 1%를 믿어준 사람』 중에서

이 책을 집필하는 과정은 나를 초심으로 돌아가게 해 주었다. 시중에 나와 있는 많은 학급경영 책들을 읽어 보면서 좋은 자료가 이미 이렇게 많이 나와 있는데 내가 쓰는 이 책이 어떤 의미가 있을까 움츠러들기도 했다. 하지만 언제나 그렇듯 이 책을 읽는 독자 단 한 명에게라도 도움이 된다면 이 책을 쓰기 위해 들인 시간이 헛되지 않을 거라고 믿는다. 이 책을 마감하는 지금 가슴이 뜨거워지는 것을 느낀다. 나는 과연 아이들을 존중과 사랑으로 대했나 하는 반성과 함께 앞으로 아이들을 좀 더 잘 대할 수 있을 거라는 기대감 때문이다.

임용 첫해 나의 다짐 그대로 나는 아이들을 사랑과 믿음으로 대하며 아이들에게 비빌 언덕이 되어 주겠다. 우리 아이들이 평생을 살아갈 마음의 근력을 키우고 더불어 살아가는 삶의 자세를 체득하기를 바랐던 초임 교사 시절의 나를 잊지 않으려 한다. 이 책을 읽는 선생님들 역시 그랬으면 좋겠다.

꽃과 열매를 보려거든 먼저 흙과 뿌리를 보살펴 주어야 한다는 사실을 기억하자. 텃밭의 열매는 그냥 얻어지는 것이 아니다. 씨를 뿌리고 물과 거름을 주고 잡초도 뽑아가며 공을 들여야 한다. 텃밭에서 열매를 가꾸듯 여러분들이 만나는 아이들과의 만남을 잘 키워 나가길 바란다. 자신에 대한 긍정과 희망이 아이들에 대한 애틋함보다 더 중요하다는 사실 또한 기억하자. 우리 모두 교실에서 아이들과 행복하면 좋겠다.

2021.12.19.

학생들과 행복한 교실을 꿈꾸는 교사 최선경

참고 자료

• 참고도서

경기교육연구소, 김차명, 『교사생활월령기』, 에듀니티, 2017

고이케 히로시, 『2억 빚을 진 내게 우주님이 가르쳐준 운이 풀리는 말버릇』, 나무생각, 2017

나폴레온 힐, 『놓치고 싶지 않은 나의 꿈, 나의 인생』, 국일미디어, 2010

노상원, 「학급경영의 이론과 실제」, 『한국교육신문』, 2015년 4월 2일자

루이스 코졸리노, 『애착 교실—관계 중심 학급경영의 첫걸음』, 해냄출판사, 2017

박상미, 『마음아 넌 누구니』, 한국경제신문, 2020

배경숙, 『학급 활동으로 이어가는 집단 상담』, 우리교육, 2001

손지선, 고유라 외, 『교사가 진짜 궁금해하는 온라인 수업』, 학교도서관저널, 2020

안준철, 『오늘 처음 교단을 밟을 당신에게』, 문학동네, 2012

오윤주 외(새로운학교 네트워크), 『학교의 미래, 전문적 학습 공동체로 열다』, 살림터, 2021

오은영, 『어떻게 말해줘야 할까』, 김영사, 2020

윤홍균, 『자존감 수업』, 심플라이프, 2016

이노우에 히로유키, 『배움을 돈으로 바꾸는 기술』, 예문 2013

이민규, 『생각의 각도』, 끌리는책, 2021

이민규, 『하루 1%—변화의 시작』, 끌리는책, 2015

이영근, 『참사랑 땀으로 자라는 아이들』, 즐거운학교, 2014

장홍월, 주예진, 『신학기가 두렵지 않은 차근차근 학급경영』, 우리학교, 2019

제인 넬슨 외, 『학급긍정훈육법』, 에듀니티, 2014

제인 블루스틴, 『내 안의 빛나는 1%를 믿어준 사람』, 푸른숲, 2003

조신영, 『성공하는 한국인의 7가지 습관』, 한스미디어, 2012

존 고든, 댄 브리튼, 지미 페이지, 『원 워드』, 다산4.0, 2017

최선경, 『긍정의 힘으로 교직을 디자인하라』, 프로방스, 2019

테레사 라살라 외, 『친절하며 단호한 교사를 위한 학급긍정훈육법-활동편』, 김성환 역, 에
　　듀니티, 2015
토드 휘태거, 애넷 브로, 『교실에서 바로 쓸 수 있는 낯선 행동 솔루션 50』, 우리학교, 2020
토머스 W. 펠런 외, 『행복한 교실을 위한 1-2-3 매직』, 에듀니티, 2016
허승환, 『허쌤의 학급경영 코칭-황금의 2주일을 잡아라』, 즐거운학교, 2015
허승환, 『명불허전 학급경영-허쌤의 첫 만남 프로젝트』, 꿀잼교육연구소, 2020
홍석희, 『SEC 학급경영 멘토링』, 즐거운학교, 2016

「가르치는 기쁨 배우는 즐거움이 가득한 행복교실 만들기 - 중/고등학교 담임교사 업무 매
　　뉴얼」, 대구광역시교육청, 2021
「가르침과 배움의 이중주 - 신규 교사 학급경영 길라잡이」, 부산광역시교육청, 2017
「공감하고 소통하는 학급 운영」, 『서울교육』, 서울교육청교육연구정보원, 2017 겨울호

• 참고 워크숍

질문술사 박영준 코치 Design the year 워크숍

• 참고 사이트

초등참사랑(chocham.com)